우울증은 병이 아니다

우울증은 병이 아니다

2013년 7월 15일 초판 1쇄 인쇄
2013년 7월 20일 초판 1쇄 발행

지은이 박래근
펴낸이 정현철
펴낸곳 도서출판 노바

기획위원 박영실, 김영심, 임경선, 함효진
디자인 김재경, 정희철
마케팅 김종렬, 김수현
파는곳 도서출판 지식더미
    서울시 강서구 내발산동 718-13 선재빌딩 402호
    전화 02-534-3074~5 / 02-534-3076
    E-mail. slbook@hanmail.net
    Homepage. www.sunglimbook.com
등록일자 2006년 4월 10일
등록번호 제315-2012-000045호

ISBN 978-89-97953-03-5

* 저자와의 협의하에 인지를 붙이지 않습니다.
* 잘못 만들어진 책은 구입하신 곳에서 바꾸어 드립니다

우울증은 병이 아니다
- 우울증 치료방법 -

박래근 지음

도서출판 노바

추천사

오성종 박사 | 전 칼빈대 신학대학원장, 독일 튀빙겐대학교 신학박사

저자는 신학생 때 심한 우울증을 앓은 경험이 있다. 그리고 여러 가지로 치유를 위한 노력을 했고 그때마다 실패와 좌절을 하다가 우울증 치유의 원리를 깨닫고 마침내 치유를 받은 바 있다. 지금은 성공적인 우울증 치유전문가로 활동 중이다. 자신이 깨달은 치유의 원리와 사역경험을 나눈다는 소식을 듣고 기뻤다.

저자는 우울증에 대한 일반 치유사역자들과 다른 면이 있는 것 같다. 매우 실제적이고 성경적이고 영적이다. 또 깊은 동정심과 이해심을 가지고 사람들을 도와준다. 그들 중 바로 나의 아들이 큰 도움을 받았음을 증언하고 싶다.

보내준 원고를 읽고 나 자신 많은 것을 배우게 되었다. 그가 제시하는 우울증에 대한 설명과 치유원리는 심리학적이거나 피상적인 관찰에서 나온 것이 아님을 알 수 있다. 본인의 경험과 수많은 임상경험에서 나온 것이며 깊은 성경연구와 기도를 통한 영적 통찰력을 통해서 얻

은 것들이다.

저자는 우울증 초기단계를 지난 사람은 내적치유 세미나에 참석시키지 말라고 조언한다. 축귀 기도로 해결하려 하지도 말라고 한다. 부흥회나 기도회에 데리고 가지 말고 안수로 고치려 말라고 권면한다. 저자의 정의에 따르면, 우울증은 귀신들림의 현상이 아니고. 귀신들의 공격을 받아 영의 기능이 심리적으로 위축되어 두려움과 불안, 죄책감 등이 수반되자 억압의 귀신(demonic spirits of oppression)이 그의 마음과 생각에 틈타고 들어와 보다 더 깊은 어둠 속으로 이끌고 있는 상태다. 그래서 의사와 약물의 도움도 일시적으로 약간의 도움이 되지만 근본적인 치유책은 못 된다고 본다.

저자는 그가 발견한 성공적인 치유원리의 핵심을 이렇게 정리하여 말한다. "우울증이나 정신분열증은 누구의 도움에 의해서 해결되는 것이 아니라, 자신이 강한 정신력과 하나님의 도움을 힘입어 어둠의 세력들과 싸워서 극복하게 만드는 것이 가장 이상적인 치료법이다."

저자는 책에서 치유사역자를 위한 실제적인 로드맵과 주의사항을 자세하게 전해주는 친절까지 베푼다. 또 치유 후 어떻게 후속 조치를 취할 것인지에 대하여서도 자상하게 알려준다. 끝 부분에서는 구체적인 다양한 치유 사례들을 덧붙여주어 실제적인 도움을 받게 하고 소망을 가지도록 도와주고자 애쓰고 있는 저자의 자상한 마음을 보게 된다.

우울증과 정신분열증을 앓고 있는 이들에게 실제적인 유익과 치유를 위한 큰 도움을 주리라고 확신한다. 또한 이 방면의 치유사역자들과 더 나아가 모든 목회자들과 평신도 지도자들도 이 책을 통하여 나처럼 많은 신선한 깨달음을 얻게 될 것을 기대한다.

이우형 목사 | 미국 그레이스신학대학, 목회학박사, 풍성한교회

우울증은 세계 보건 기구에서 21세기 인류를 괴롭히는 10대 질병 중 하나로 선정되었고, 이를 증명하듯이 한국이 우울증과 관련된 자살률이 세계 OECD 국가 중에 1위라는 말을 얼마 전에 TV에서 보도한 바 있습니다.
이처럼 우울증은 인류를 괴롭히는 심각한 질병임이 분명 해졌습니다.
이 책의 저자는 자신이 우울증에서 고침을 받고, 예수원의 두나미스 훈련 등을 이수하고 바른 영성을 추구하며, 임상치유 사역을 통해 경험한 바를 책으로 출간하게 되었습니다. 이를 진심으로 축하하며 이 책을 읽고 적용한다면 누구나 우울증에서 고침을 받을 수 있음을 확신합니다.
하나님의 은혜를 사모하고 그리스도의 군사로 세워지길 원하는 모든 성도들에게 이 책을 강력히 추천합니다.

안병호 교수 | 안양대학교 신학대학원 신학박사

현대를 살아가는 사람은 누구나 자기중심에 소중한 무엇인가를 품고 살아가는 데, 많은 사람들이 아름다운 추억과 좋은 기억보다는 슬픈 기억과 서러움이 있는 아픈 상처를 안고 인생을 살아가고 있습니다.
너, 나 할 것 없이 거친 세상에서 힘들게 살아가면서도 어느 누구에게도 허심탄회하게 말 못하고, 자신의 동굴 속에 갇혀 신음하며, 고생하는 사람들이 우리 주위에는 얼마나 많은지 모릅니다.
특히 우울증으로 힘들어하는 사람들에게 꼭 필요한 책이 나와 기쁜 마

음으로 추천을 합니다.

이 한 권의 책이 목마르고 힘들어 하는 사람들에게 사막에 오아시스처럼 생명을 불어 넣기를 기도합니다.

권미희 사모 | 갈보리 교회

할렐루야!
사람을 불러 하나님의 일을 이루어 가시는 하나님을 찬양합니다.
하나님은 부르신 그 사람을 사용하시기 위해 그 사람이 가지고 있는 영육간의 문제를 동역자를 붙여 해결해 주심을 믿으며 영광 돌립니다.
저는 개척교회의 사모로서 주님의 일을 감당하지 못할 지경에 이르렀습니다. 목회자 사모가 우울증이 있다는 사실은 결코 내세울 수 있는 자랑이 아니기에 이 사실을 꽁꽁 숨긴 채 지냈습니다.
그때에 하나님은 이 글의 저자인 박래근 목사님을 만나게 하셨고, 목사님을 통해 저의 병의 실체를 깨닫게 하셨습니다. 전에는 우울증의 발병원인이 무엇인지도 모른 채 체념하는 상태였지만 목사님과의 여러 번의 상담을 통하여 저의 병이 환경적이며, 또한 기질적이며, 아울러 영적인 문제임을 알게 되었습니다. 또한 이 병을 어떻게 대처해야 하며, 예수 그리스도의 보혈의 능력과 이름을 어떻게 사용해야 하는지도 정확하게 인식하게 되었습니다.
이후 저는 제가 겪고 있는 우울증의 실체를 알게 되었고, 목사님이 주시는 권면에 따라 절망에서 희망으로 옮겨올 수 있었습니다.
사실 우울증에 빠진 대부분의 사람은 병의 원인을 모른 채, 깊은 터널과 같은 절망에 빠질 수밖에 없습니다. 만약에 우울증의 실체를 알 수만 있다면 치료되고 이길 수 있다는 희망을 갖게 될 것입니다. 그러한 이유에서 목사님의 책이 저와 같이 주의 일에 힘쓰다 원하지 않는 우울증에 노출된 많은 사람들이 우울증의 실체를 보고 치유의 계기를 삼아, 결국 회복에 이르러 함께 주님의 사명 감당케 되시길 소망합니다.

〈간증문〉

요즘 내게 잘 지내냐고 행복하냐고 묻는 사람들이 정말 많다. 그러면 난 그때마다 행복하다고 대답을 한다. 다시 한 번 되물어도 난 언제나 너무 행복하다고 대답을 하곤 한다. 하지만 내가 언제나 행복한 삶을 살았던 것만은 아니다. 나에게도 정말 지우고 싶은, 생각만으로도 끔찍한 기억이 있다. 바로 이렇게 행복한 나날을 보내는 내가 우울증에 걸려 괴로워 했던 것이다. 그렇기에 어쩌면 난 이 책의 산 증인이라고도 할 수 있을 것이다.

나에게 처음 우울증은 아직 고등학생이라는 어린 나이에 부모님을 병으로 모두 잃었다는 단순한 충격에서 시작되었다. 그땐 그 우울증이 나에게 거대한 블랙홀이라는 걸 알아차리지 못했고 왠지 내가 정신병에 걸린 것처럼만 느껴져 상황을 회피하려고만 들었다. 하지만 그럴수록 상황은 더욱 악화되었고 결국엔 그 거대한 블랙홀은 나를 집어삼키고 말았다. 아무리 빠져나오려 애를 쓰고 발버둥치고 몸부림쳐도 더욱 깊게 빠져들 뿐 회복은 조금도 이루어지지 않았다.
부모님이 살아계실 땐 내게 따뜻하기만 하던 사회는 부모님의 울타리가 사라지자 무서운 속도로 변해갔고 나를 아무 쓸모 없는 기생충처럼 여기기 시작했다. 나를 보고 수군거리며 나를 하나의 인격체가 아닌 동정심으로만 대하기 시작했다. 정말 나 스스로도 너무 힘들어서 죽을 것만 같은데, 그래서 지푸라기라도 잡고 싶은 심정인데, 세상은 나에게서 등을 돌리기 시작하고 정말 믿었던 사람들마저도 모두 등 돌리고 말았던 때의 그 좌절감이란 말로 표현할 수 없을 정도였다.

우울증은 더욱 악화되어 갔고 우울증으로 인해 사회공포증과 불안장애까지 생기게 되었고 트라우마로 인해 호흡곤란 증세도 겪으면서 더욱 극심한 괴로움에 시달렸다. 음식도 먹지도 못했고 조금만 먹어도 모두 토하기도 했다. 극심한 불면증까지 겹쳐서 편히 잠도 잘 수 없었다. 사람들이 이야기하는 것만 봐도 모두가 날 죽이기 위해 회의하는 것 같았고 사람들이 가지고 다니는 짐 속에는 날 죽이기 위한 무기들이 숨겨져 있을 것만 같았다. 그래서 난 언제나 사람들을 피해 도망 다니기 바빴다.

또한 하늘을 쳐다보면 날 죽이기 위해 누군가가 날 노려보는 것 같아 엄청난 공포감에 휩싸였다. 집에 혼자 있어도 계속 구석에 웅크리고 있었고 저녁이 되어 잘 때도 극심한 공포감에 불을 끌 수도 없었다. 부모님과 관련된 상황이나 단어만 나와도 트라우마로 인해 공포에 질려버렸고 그 공포감이 심해져 호흡곤란증세를 보이는 일도 매우 잦았다. 극심한 고통에 자살충동은 물론이고 자살하는 시늉까지도 해보았으며 어떻게 하면 내가 죽을 수 있을까를 날마다, 틈날 때마다 고민했고 언제나 그 생각뿐이었다.

그러다 결국 내 모든 걸 포기하고 다시 하나님께 나아가 엎드리기 시작했다. 하지만 그건 내가 하나님을 의지해서가 아니라 지푸라기라도 잡는 심정으로 하나님은 모든 걸 할 수 있으니까 나를 죽여주길 바라고 매일같이 엎드려 기도했다. 울면서 제발 나 좀 죽여 달라고 말이다. 그렇게 2개월이라는 시간이 흐르고 이것도 안 되는 건가 싶어 좌절하려는 순간 나에게 도움의 손길이 다가왔다. 한동안 연락을 안 하고 지냈던 박 래근 목사님과 사모님한테서 연락이 온 것이다. 그래서 난 끌려가듯 목사님의 교회로 초대되어져 갔고 그게 기회가 되어 계속 그곳에서 예배를 드리며 회복을 하게 되었다.

하지만 난 버림받은 아이, 남에게 피해만 주는 기생충 같은 아이 그리고 결국 내가 부모님을 죽였다라는 착각이 강했던 터라 처음엔 목사님의 손길마저도 공포스러웠다.

그럼에도 불구하고 목사님과 사모님은 열심히 피하고 도망다니는 내게 끝까지 손을 내밀어주셨기에 조금씩 마음을 열 수 있었고, 그러면서 조금씩 그분들의 말씀에 순종을 하기 시작했다.

결과는 놀라웠다. 나는 급속도로 회복되어지기 시작했다. 목사님 말씀대로 예배를 드리고 기도하자 나의 잘못된 생각들이 깨어지면서 그 거대한 블랙홀에서 빠져나올 수 있었던 것이다. 물론 빠져나오기가 쉽진 않았다. 이미 내 머리 깊숙이 박혀 날 괴롭히는 생각들과 매일 전쟁을 치러야했고 정말 다 포기하고 싶어도 참아야했고 때론 울고 싶어도 눈물이 나도 그 감정을 억눌러야 했다.

조언을 구하면서 말씀대로 한다고 하는데도 종종 혼날 때도 많았다. 그래도 중간 중간 넘어졌을 때 일으켜주셨기 때문인지 강하게 자리 잡고 있던 나의 잘못된 생각들이 조금씩 깨지기 시작했다.

어느 날이었다. 기도를 하던 중 주님이 내게 말씀하셨다.

"내 딸아. 내가 특별히 사랑하는 딸아. 왜 네가 쓸모없는 존재라고 생각하느냐. 왜 네가 기생충 같은 존재라고 생각하느냐. 내가 널 얼마나 사랑하는데, 내가 널 얼마나 많이 사랑하는데. 누가 너에게 부모를 죽였다 그랬느냐. 네가 그런 게 아니야. 네 잘못이 아니란다.
내가 널 얼마나 사랑하는데, 내가 널 얼마나 사랑하는데…."

난 주님의 그 음성을 듣고 펑펑 울 수밖에 없었다. 정말 너무 감사하기도 하고 그동안의 내 자신이 너무 죄송스러워 아무 말도 하지 못한 채 하염없이 울었다. 그 순간 목사님께 배웠던 성경 말씀들이 기억나면서 잘못된 생각들이 모두 깨어져버렸다. 생각이 변하고 나니 기도가 바뀌면서 우울증을 고치기 위해 좀 더 적극적으로 노력할 수 있게 되었고, 하나님을 좀 더 깊이 만날 수 있게 되었다.
그 하나님은 나를 완전히 새사람으로 만들어가셨다. 우울증과의 전쟁을 끝내주시고 이렇게 연약하기만 한 나에게 너무도 많은 것을 허락하셨다. 살 곳이 없어서 씻을 곳도 없어 창고와 다른 사람의 집을 반복해서 오가며 얹혀 지내던 나에게 살 곳을 허락하셨고, 다시 사람들과 웃을 수 있도록 완전히 잃어버렸던 웃음도 되찾아 주셨다.
또한 목사님과 기도하던 중, 어릴 적부터 바래오던 방언의 은사까지도 허락해주셨다. 그리고 살 곳을 옮기게 하시면서까지 나를 더욱 굳건하게 바로 세워 가시고 간호직으로 일하고 싶던 나의 꿈까지 이루어주셨다. 하나님 외의 다른 모든 것들을 잃었던 나를 정말 하나님의 사람답게 하나님으로 더욱 풍성히 채워가심으로 내게 주셨던 시편 23편의 말씀 그대로 인도하시고 높이셨다.

다른 사람들을 피해 도망다니기 바빴던 나를 회복시켜 작년엔 청년부 회장으로 세우시고 올해는 학생들을 책임지고 예배를 인도하는 학생부 팀장으로까지 날 높이셨다. 그리고 내 아픔을 통해서 사람들에게 하나님의 살아계심을 증거하고 다른 이들을 위로해줄 수 있는 사람으로 사용하셨다. 그래서 나를 멀리하고 기생충 취급하며 수군거리던 사람들이 회복된 나를 보고 이젠 함부러 하기보다 부러워 하고 다시 한 번 하나님의 살아계심을 인정하고 하나님께 예배하도록 만드셨다. 솔직히 지금 생각해봐도 내가 블랙홀에 빠져있던 그 시간은 너무 끔찍한 시간이었다. 다시 돌아가라면 차라리 죽음을 택하고 싶을 만큼 말이다. 하지만 이제 난 그 시간이 내게 있었던 것을 감사한다. 그 시간이 있었기에 내가 하나님을 만나고 더 깊이 체험하며 성숙해졌기 때문이다. 그렇기에 난 우울증에 시달리고 있는 사람들이 있다면 이 책을 꼭 권하고 싶다.

이 책의 제목 그대로 정말로 우울증은 병이 아니다. 충분히 극복이 가능하다. 그토록 심했던 나도 현대의학의 힘을 조금도 빌리지 않고서도 극복했고 오히려 더 하나님과 함께하며 매일 하나님을 체험하고 교제하며 다른 이들에게 희망을 주는 삶을 살아가고 있기 때문이다. 그래서 나는 바란다. 이 책을 읽는 모든 사람들이 용기를 얻고 우울증을 이겨내 하나님이 살아계심을 널리 알리고 그 하나님께 전심으로 예배하게 되기를….

2013년 3월
우울증을 벗어버린 한 청년으로부터

서두

먼저 이 글을 쓸 수 있도록 인도하신 하나님께 감사를 드린다.

'인천 교통공사 소속 기관사 최모 씨(36)가 지난 달 7일 오전 자택인 인천 계양동의 한 아파트 12층에서 뛰어내려 스스로 목숨을 끊은 것으로 확인됐다. 최 씨도 지난 19일 숨진 서울지하철 기관사 황모 씨(40)와 마찬가지로 공황장애와 우울증이 자살 원인으로 지목됐다. 최 씨 사망 사실이 확인되면서 공황장애를 이유로 지난해 이후 스스로 목숨을 끊은 열차 기관사들은 5명으로 늘었다. 철도 · 지하철 당국의 총체적 대책이 필요하다는 지적이 나온다.'

- 2013년 1월22일 〈경향신문〉

취업포털 잡코리아(www.jobkorea.co.kr)가 남녀 직장인 601명을 대상으로 실시한 '직장인 회사 우울증 현황' 조사 결과 직장인의 74.7%가 출근만 하면 무기력해지고 우울해지는 '회사 우울증'을 겪고 있다고 답했다. 설문에 참여한 직장인 중 77.9%는 '현재의 직장에서 나의 미래 비전이 보이지 않는다'고 생각하고 있었으며, 74.7%가 회사 밖에서는 활기찬 상태이지만, 출근만 하면 달라진다고 호소했다. 특히 이 같은 결과는 성별과, 직급, 연령대에 따라 다소 차이가 있었다. 성별로는 여성 직장인이 77.2%로 남성(71.9%)에 비해 회사 우울증을 앓고 있는 정도가 다소 높았으며, 연령대별로는 40대가 81.9%, 30대 76.0%, 20대 69.9% 순이었다. 직급별로는 조직 내에서 부장급 이상이 79.3%로 가장 높았으며 다음으로 조직 내 실무가 많은 주임, 대리급도 78.4%로 비교적 높았다. 이 외에 과, 차장급 77.2%, 사원급 71.5% 등의 순이었다.

세계보건기구(WHO)는 '2020년에 이르면 우울증이 모든 연령에서 나타나는 질환 중 1위를 차지할 것' 으로 예측했다.

우울증은 나이, 인종, 지위, 성별을 떠나 누구에게나 발생할 수 있는 질환이다. 그래서 우울증은 어느 누구에게나 나타날 수 있는 '마음의 감기'라고 불리기도 한다. 그러나 자살로까지 이어지게 되는 심각한 병이다. 실제로 최근엔 주부가 자녀를 목 졸라 숨지게 한 뒤 자신도 아파트에서 투신하는 사건이 국내에서도 발생했다.

얼마 전에는 2007년 국제로봇올림피아드 한국대회 금상, 2008년 세계대회 3위, 기타 대회에서 60회 정도 수상한 로봇 천재가 자살을 해 수 많은 사람을 안타깝게 하였다. 얼마나 힘들고 불면증에 시달렸으면 수면제를 12통을 가지고 있었을까? 우리는 쉽게 말은 할 수 있겠지만, 경험해 보지 않은 사람은 그 고통을 이해하기 힘들 것이다.

필자는 우울증을 겪을 때, 맹장수술을 했다. 수술 후에 마취가 풀려 진통이 심해오는데, 그때 우울증의 공격도 동반되었다. 그 경험은 맹장 수술할 때 생살을 찢어 놓는 것보다, 우울증이 더 고통스러워 진통제 주사를 맞지 않고 견딘 적이 있다.

필자는 신학교에 다니던 중 우울증을 겪게 되었다.

4학년 1학기에 헬라어와 히브리어 문법을 마스터하려고 무던히 애를 썼다. 여름방학 중에 헬라어 문법을 완전히 머리에 익히자 나는 천재가 될 수 있다는 학문에 대한 자신감을 갖게 되었고, 동시에 머리가 붕 뜨는 증상과 현기증으로 인해 정신을 잃을 것 같은 현상이 나타났다. 그로 인해 고민하던 중, 뇌에 이상이 생긴 것으로 생각하고 CT 촬영을 하려했으나, 돈이 없어 고민하며 4개월을 보냈다.

그 후 CT 촬영을 하였는데 아무 이상이 없었다. 그러나 졸업 논문과 졸업시험 등이 겹치면서 심한 스트레스를 겪게 되었고, 그때부터는 걷잡을 수 없는 심한 두통과 불안, 죽음에 대한 공포, 미칠 것 같은 두려움 속에 빠져들고 말았다.

결혼하여 아들을 낳았는데, 내가 아들을 죽일 것 같은 생각이 들어, 집에 있는 칼은 모조리 끝을 구부려 놓고, 집에는 불안하여 있을 수가 없어서 교회에서 뜬 눈으로 아침이 오기를 파숫꾼보다 더 기다렸던 기억이 난다. 그런 가운데 유명한 한의원, 침술사, 한약, 온갖 민간요법을 다 시도해 보았다.

그리고 강남성심병원에서 수 개월 동안 정신과 치료를 받으며 약을 먹기 시작했고, 약을 먹던 중 위장 장애와 입술이 마르고 소변이 잘 나오지 않는 부작용이 심해져서 약을 골라 먹다가, 나중에는 먹지 않고 병원 가는 것도 포기하고 죽으면 하나님 앞에서 기도하다 죽으리라 생각하고 기도하러 다니기 시작했다. 그러던 중 신학교에서 터부시하던 방언을 받게 되었고, 하나님의 음성을 듣는 체험을 하였다. 그러나

병은 쉽게 낫지 않았다. 견디기도 쉽지 않았다.

  필자가 이겨낼 수 있었던 것은 우울증의 공격이 시작되면, 바로 하나님 앞에 엎드렸다는 것이다(우울증을 겪는 사람들은 공격이 오는 것을 안다).

  필자에게는 4가지 증상(심한 두통, 불안장애, 죽음의 공포, 미친것 같은 생각)이 동반되어 공격해 왔다. 그런데 이상한 것은 한 가지를 적응할 만하면 다른 증상으로 공격해오는 것이었다. 우울증 환자들이 쉽게 빠져 나오지 못하는 것은 공격의 형태가 변화무쌍하게 바뀌기 때문이다. 그런 생활을 5년을 넘게 한 것 같다. 필자는 그 기간 동안 신학교에서 배우지 못하는 하나님신학을 접했고, 우울증에 대한 치료 방법을 터득하게 된 것이다.

  그 후 우울증으로 자살하려던 사람, 18년을 우울증으로 약을 먹고 있던 청년, 유서를 써놓고 죽기를 기다리던 사모, 매일같이 귀신과 싸우면서 너무 힘들어 술을 먹는 집사 등 많은 내담자들을 만나면서 우울증이 얼마나 무서운 병인가를 알게 되었다.

  필자가 내담한 우울증으로 여러 해를 고생한 여자분이 했던 말이 생생하다. "어디가 아프든가 해야 수술이라도 하지! 수술할 수도 없고, 마냥 낫기만 기다리자니 끝날 기미도 안 보이고 방법이 없다"는 하소연이었다.

  필자가 오랜 기간 동안 우울증 치유사역을 하면서 수술하여 회복되는 것보다 더 빨리 회복되는 것이 임상을 통해 알려지자 책을 써서 알리면 많은 사람들이 도움을 받을 수 있다는 주위 사람들의 권면에 부족하지만, 용기를 내어 이 책을 쓰게 되었다.

5년의 긴 시간을 공포 속에서 살았던 지난날을 회상하며 우울증을 먼저 경험한 선배로써, 지금도 고통의 시간을 보내고 있는 형제, 자매들에게 우울증을 이겨내는 방법을 알려주고 싶다.

끝으로 장자는 하나님의 것으로 구별하여 드리고, 묵묵히 기도하며 응원해 주시는 부모님과 논문심사하듯이 꼼꼼하게 체크하고 수정·보완하도록 지도해주신 오성종 교수님과 우울증으로 고생하는 남편을 보며 눈물로 세월을 보낸 아내와 어려운 환경을 잘 견뎌내고 믿음을 지키는 찬양, 주양, 신양, 휘양이 그리고 이 책이 나오기까지 산고를 겪은 김수현 사모에게 감사하고, 출판사 사장님에게도 사의를 표하는 바이다.

목차

추천사 / 4
서두 / 13

제1편 우울증과 영적관계

1. 우울증과 정신과 질환들 ----------------------------------- 24
    1) 우울증 / 24
    2) 조울증 / 29
    3) 공황장애 / 31
    4) 우울증, 조울증, 공황장애자들이 겪는 증상들 / 32

2. 우울증의 원인과 분석 ------------------------------------ 34
    1) 원인과 분석 / 34
    2) 인간에 대한 이해 / 37

3. 우울증의 영적인 원인 ------------------------------------ 42
    1) 마귀(사탄)의 정체 / 44
    2) 사단의 명칭과 특성 / 45
    3) 성경에 나타난 사단의 활동과 축귀사역 / 48

4. 마귀(사탄)의 공격 방법 ------------------------------------ 52
   1) 부정한 생각을 심는다 / 52
   2) 침투하여 장악 한다 / 56
   3) 철저히 위장한다 / 57
   4) 정체가 들어나면 더 강하게 공격하기도 한다 / 58
   5) 하나님을 향한 분노를 갖게 한다 / 59
   6) 자책하게 한다 / 60
   7) 사단의 공격을 받는 사람의 여러 증상들 / 62

5. 우울증 치료방법 -- 66
   1) 우울증은 그리스도의 군사로 입문하는 과정임을 알라 / 69
   2) 불신앙의 요소를 찾으라, 그리고 회개하라 / 76
   3) 자신의 정체성 바로 찾아라 / 81
   4) 절대 믿음이다 / 84
   5) 성령의 임재를 구하라 / 93
   6) 영적인 눈을 뜨라 / 96
   7) 전신갑주를 입으라 / 106
   8) 예수의 피의 능력을 활용하라 / 110
   9) 예수 이름의 권세를 활용하라 / 113
   10) 하나님의 말씀의 검을 사용하라 / 119
   11) 기도하고 금식하라 / 145
   12) 찬송의 능력 - 은혜 받는 찬송을 하라 / 보혈 찬송을 하라 / 168
   13) 싸우되 피를 흘리기까지 하라 / 171

6. 제반사항들 ---------------------------------- 173
   1) 즐겨라, 프로의식을 가지라 / 173
   2) 인내하라, 인내가 필요하다 / 174
   3) 감사하라 / 175
   4) 전문가의 도움을 받아라 / 178
   5) 치료를 돕는 말을 사용하라 / 178
   6) 약 복용의 문제에 대해서 / 180
   7) 우울증이 우리에게 요구하는 목적은 자살이다 / 182

7. 우울증에 걸린 엘리야의 치유과정 ---------------------------- 183
   1) 엘리야가 우울증에 걸렸다고 보는 이유 / 183
   2) 치료과정 / 185

8. 공황장애를 극복시키는 바울 ------------------------------ 190
   1) 공황장애에 빠지다(18-20절) / 190
   2) 공황장애를 만나게 된 원인(21절) / 191
   3) 공황장애를 극복하는 방법(22-25절) / 192

제2편 우울증치료의 실재

1. 우울증 환자를 대할 때 주의할 사항 ---------------------------- 198

2. 불안과 두려움을 호소하는 경우의 대처방법 ------------------ 207

3. 분노에 사로잡혀 있는 경우 ---------------------------------- 224

4. 공황장애가 있는 경우 --------------------------------------- 228

5. 불면증인 경우 --- 230

6. 임상사례 -- 232

맺음말 --- 244

참고문헌 / 248

제1편

우울증과 영적관계

1. 우울증과 정신과 질환들

1) 우울증

 우울증은 나날이 증가하는 질병 중의 하나로 세계보건기구(WHO)도 21세기에 인류를 괴롭히는 10대 질병 중 하나로 우울증을 꼽고 있다.
 국제질병분류 제10판(ICD-10)에 따르면 '우울증은 우울한 기분 외에도 일상생활 중 흥미와 즐거움 상실, 피로감 증대, 활동성 저하를 동반한 기억력 감퇴 등이 동반되며 집중력과 주의력 감소, 자존감이 낮아지고 죄의식과 자괴감과 비관적인 미래로 자해나 자살 행위 혹은 자살 충동, 수면장애, 식욕감퇴 등이 상태의 심각성에 따라 최소 두 가지 이상 나타난다. 이러한 증상들이 일회성이 아닌 최소 2주 이상 지속될 때 우울증으로 진단한다.'
 신경생화학 연구에 따르면 '우울증 환자들의 경우 뇌 신경전달 물질인 노르에피네프린, 세로토닌, 아세틸콜린 등이 불균형 상태에 있으며 세로토닌이 영향을 미친다고 한다. 신경전달물질 체계나 신경세

포 내 신호 체계의 변화 때문에 특별한 이유가 없어도 우울증에 걸릴 수 있다는 것이 학자들의 주장이다.'

우울증에 걸리면 즐기던 모든 것에 흥미를 상실하게 되고 불안감을 느끼며 우울한 생각이 든다. 집중력과 기억력이 현저히 떨어지게 되는데 잠들기가 어렵고 일찍 깨거나 입맛이 떨어져 식욕이 감퇴하거나 반대로 식욕이 증가할 수도 있다고 한다. 항상 피로하고 변비가 생기며 생리가 불규칙해지고 너무 불안하고 초조해서 가만히 앉아 있지를 못하는 경우도 발생한다. 병명은 없음에도 항상 몸이 아프다고 호소하는 경향이 있다. 이들은 완전히 낙담 상태에 빠져서 희망을 상실한 채 대부분의 시간을 불안과 두려움에 의기소침한 상태 속에 보내기 쉽다.

● 우울증의 분류

일반인들이 흔히 말하는 정신의학 용어인 우울증은 크게 두 가지로 구분한다.

정신과 전문의 김 진은 그의 저서 『정신병인가 귀신들림인가』에서 이렇게 말했다. '우울증은 크게 신경증으로서 신경적 우울증과 정신병으로서 정신병적 우울증으로 나눌 수 있다.'

〈신경증적 우울증〉
- 어떤 심리적인 원인이 있어서 그 원인의 결과로 인해 생긴다. 그래서 이를 '반응성 우울증'이라고 한다. 예를 들어 대학입시에 떨어진 학생이 우울증을 앓을 때, 그 우울증은 불합격이라는 원인에 반응을 하여 나타났다고 할 수 있다. 그러므로 '외인성(外因性) 우울

중'이라고도 한다. 이는 우울증의 원인이 자기 정신세계 안에 있지 않고 그 밖에 있다고 해서 일컬어지는 것이다.
- 심각한 경우가 전혀 없는 것은 아니지만, 보통은 정도가 심하지 않아 일상적인 일들을 어느 정도 수행할 수 있다.
- 환각과 망상 등의 정신병적 증상이 거의 대부분 나타나지 않는다.

〈정신병적 우울증〉
- 특별히 그럴 만한 어떤 심리적 이유가 없이 저절로 나타난다. 그래서 '자동성 우울증'이라고 한다. 또 신경증적 우울증을 외인성 우울증이라 하는 것과 대조적으로 원인이 자기 정신세계 안에 있다고 하여 '내인성 우울증'이라 한다. 여기서 내부라 하는 것은 두뇌라는 자기 신체 안에 어떤 생물학적 원인이 있다는 것을 의미한다.
- 시간이 지나면서 점차 악화되어 나중에는 일상적인 일들을 전혀 수행하지 못하는 상태에까지 이르게 된다.
- 환각과 망상 등의 정신병적 증상들이 꼭 동반되는 것은 아니지만 적지 않은 경우에는 동반될 수 있다. 정신병적 증상들이 동반되면 우선 정신병적 우울증을 의심해야 할 것이다.
- 신경증적 우울증과는 달리 불면(때때로 수면과다), 식욕과 체중의 감퇴(때때로 증가), 피로 증가 등의 신체적 증상이 대개 동반된다.

● **우울증 자가 테스트**

　A. 매사에 의욕이 없고 무기력하다.
　B. 하루 종일 우울한 감정이 가시지 않는다.
　C. 뜬금없이 웃음이 나거나 울고 싶다.
　D. 잠을 잘 자지 못 한다.

E. 식욕이 없다.

F. 체중이 갑자기 준다.

G. 변비가 심하다.

H. 이유 없이 항상 피곤하다.

I. 불안해서 안절부절 못하고 진정이 잘 안 된다.

J. 자신이 죽으면 슬퍼할 사람이 없을 것 같다.

* 위 사항 중에 7개 이상 '그렇다'고 답했다면 우울증을 의심해 보아야 한다. 문제는 이런 감정이 2주 이상 지속되고 일상생활에 지장이 있을 경우다. 이때에는 전문의의 진단을 받아야 한다.

◉ 우울증 진단 단계

우울증 환자들의 대부분은 어떤 질병이나 사건 등, 야기된 문제로 인해 골몰하게 된다. 어떤 생각이 잊혀지지 않고 그 생각에 사로잡혀 오래 지속되어지므로 신체적, 정신적인 면에 영향을 미치게 된다. 우울증 환자들은 평상시 아무렇지도 않다가 갑자기 어디선가 총알이 날아드는 것처럼 공격을 받게 된다. 그때 반응하는 것을 보면 그 사람의 우울증 단계를 어느 정도 알 수 있다. 필자는 이렇게 구분한다.

1단계 : 근심과 걱정으로 인해 우울한 기분이 하루 중 대부분일 경우 어떤 생각에 사로잡혀 골몰한다. 식욕이 감퇴하고 피로감을 호소한다.

2단계 : 어떤 문제에 골몰한 나머지 쉽게 잠들지 못하고 깨고 나서 잠을 이루지 못하고(불면증) 날을 새는 경우다. 두통이나 위통을 호소하거나 몹시 불안해 한다. 자신을 자책하거나 자기 비하, 죄책감을 갖기도 한다.

3단계 : 공황장애가 오거나, 환청이 들리기도 한다.
계속되는 우울이나 불안감, 불면증, 식욕감퇴, 호흡 곤란 등을 호소하기도 한다. 일상생활에 대한 즐거움과 흥미는 이미 상실한 상태고 광장 공포증 같은 불안장애도 발생한다. 누군가 자기를 자꾸 미행한다고 말하기도 한다(망상). 심하면 환청이나 환시가 보이기도 하므로, 죽음이나 자살에 대해 생각하게 되고, 쉽게 짜증이나 화를 낸다. 집중력 및 기억력이 현저히 저하된다.

우울증을 환자들은 1단계든, 3단계든 상관없이 자기 주관적인 판단 능력을 상실하여 남의 말에 솔깃하고 사실처럼 받아들이게 되어 많은 시행착오를 겪는다.
필자도 어느 한의원이 잘 고친다는 소리를 듣고 수 없이 침을 맞았고 한약도 지어 먹고, 민간요법을 여러 번 시도한 경험이 있다. 물에 빠진 사람 지푸라기라도 잡겠다는 심정이기 때문에 도움만 된다면 무엇이든 하려 한다.

필자가 여기서 권하고 싶은 것은 우울증을 유발시키는 그 원인을 빨리 찾아서 그 문제를 먼저 해결하라는 것이다. 사고로 인한 후유증이나, 건강염려증으로 인해 우울증이 올 수 있다. 예를 들면 머리가 아픈 경우 혹시 내가 뇌종양이 아닌가? 의구심을 갖게 되는데, 소심한 성격의 소유자는 그 생각에 깊이 빠질 수 있기 때문에 MRI 촬영을 해서 이상 없음을 확인하게 하는 것이 치료의 지름길이다.
사건, 사고로 인한 문제나 갈등을 오래 끌지 말고 조기에 원인을 규명하고 치료하고 해결하여야 우울증에서 빨리 벗어날 수 있다.

2) 조울증

브리태니커 사전에는 조울증 [manic-depressive psychosis, 躁鬱症]에 대해 이렇게 말한다.

'조울증은 순환정신병, 양극성장애라고도 함. 심한 울증 또는 조증이 갑자기 또는 서서히 진행되다가 회복되는 것이 특징인 정신질환의 한 종류. 조증과 울증은 주기적으로 교대하여 나타나기도 하고, 한쪽이 우세하거나 또는 섞여서 나타날 수도 있다.

조울증환자는 울기(鬱期)에는 슬프고 낙담하여 축 처져 있으며 활기가 없고 주변에 대해 관심을 나타내지 못하며 즐거움을 잃게 된다. 또한 식욕이 떨어지거나 깊은 잠을 이루지 못한다. 울기에는 지연성긴장, 행동과다, 절망, 불안망상 등 흥분 상태가 보여지거나, 행동이 느려지고 기분이 저하되며 슬프고 의기소침하며 자기비난·자기경시 경향이 짙은 지체성(遲滯性)으로 나타난다.

조기(躁期)에는 비정상적으로 강한 흥분, 의기양양함, 과대망상, 떠들썩함, 수다, 주의산만, 과민상태 등이 나타난다. 조기의 환자는 목소리가 크고 말이 빠르며 계속해 말을 하는데 말의 주제가 빠르게 변화된다. 또 극단적으로 열광적이거나 낙관적이고 자신 있는 태도를 취한다. 매우 사교적이며 어울리기를 좋아하고 몸짓이 많거나 쉴 새 없이 움직이며 과장된 생각과 자만심 등이 조증의 특징이기도 하다.

조울증은 중세의 차이는 있지만 보통 인구의 1% 정도로 나타나며 정신의료기관에 재입원하는 환자 가운데 10~15%를 차지한다. 통계자료에 따르면 유전적 소인이 있으며, 이 소인은 11번 염색체에 위치한 우성유전자의 이상과 관련이 있는 것으로 생각된다. 생리학적 관점에서 보면 조울증은 대뇌에서 생성되는 아민류(amines)의 조절에 문제가 있는 것이다. 아민류의 부족은 울증을 초래하고 과다한 아민류는 조증을 유발한다.

아민류 가운데서 노르에피네프린 · 도파민 · 5 - 히드록시트립타민(5-hydroxytryptamine : '세로토닌' 이라고도 함) 등이 이런 효과를 유발하는 것으로 추측하고 있다. 조울증은 고대 그리스 카파도키아의 아레타이오스에 의해서 기록되었고, 현대적 정의는 독일의 정신과 의사 E. 크레펠린에 의해서 이루어졌다.

조증과 울증의 가장 극단적인 특징은 조기에는 타인에 대한 폭력, 울기에는 자살이다. 조울증은 또한 망상과 환각 같은 정신질환 증상을 보일 수 있다. 일반적으로 울증이 더 흔한 증상이다. 대부분의 경우 순수한 조기는 나타나지 않고 울기에서 회복될 때 잠시 과도한 낙관과 약간의 안도감(多幸症)이 경험된다.

조울증 초기에는 평소보다 명랑하고 의욕이 많아 주변 사람들에게 좋은 반응을 준다. 그러나 조금씩 깊어지면, 말이 많아지고 자기주장이 강해지고 다른 사람의 말을 거의 듣지 않고 자기 말만 하게 된다. 자신감에 들떠 자기가 하면 모든 것이 성공할 것 같아 여러 가지 계획을 벌여놓기도 한다. 사고의 비약이 빨라 이 이야기 하다가 끝을 맺기도 전에 다른 이야기를 하기도 한다. 조증 상태가 심해지면 집에서나 직장에서 폭군으로 군림하게 되고 안하무인처럼 자기 맘대로 하려 한다. 이때 가정주부는 과도한 쇼핑을, 사업가들은 비정상적인 투자, 허황된 약속 등이 나타난다.

3) 공황장애(공황장애는 우울증 환자에게 나타나는 불안장애다)

그리스 신화에 나오는 '판(Pan)' 신(神)은 숲과 들에서 동물을 보호하는 일을 맡았다. 이 신은 숲에 사람이 들어오면 공포감을 조성하여 동물을 보호했다고 한다.

'판'이 조성한 공포심을 영어로는 '패닉(panic : 공황)', 사전적 의미는 '돌연한 공포, 당황, 겁먹음'을 말한다.

공황장애가 갑자기 시작되면 어지러움과 심장이 심하게 뛰고 땀이 나고, 숨쉬기가 곤란하다고 호소하는데 이런 증상이 자주 일어나는 경우를 공황장애라고 한다.

미국 성인 중 4분의 1 즉, 6천5백만 명이 공황발작을 경험하고 있다는 통계에서 알 수 있듯이 누구에게나 찾아올 수 있는 느닷없는 공포이다.

공황장애가 나타나는 이유는 뇌의 오작동 때문이라고 한다. 뇌의 기관인 편도핵이 과민해지면 뇌가 평범한 상황에서도 마치 큰 위험에 처한 것처럼 인지하게 돼 교감신경을 자극하게 된다는 것이다.

황세희 의학전문기자는 "공황장애 환자분들은 3가지 변화를 보인다. 첫 번째는 언제 이런 공황을 다시 경험하게 될까 항상 노심초사한다. 두 번째는 왜 이런 일이 일어났는지 모르고 어떻게 시작되었는지 모르기 때문에 이 상황의 결과가 어떻게 끝날까에 대해서 걱정한다. 혹시 죽는 것은 아닐까, 미치는 것은 아닐까, 자제력을 잃는 것은 아닐까, 심장마비나 심각한 질병상태가 되는 것은 아닐까 걱정하게 된다.

세 번째는 행동의 제약을 받게 된다. 평소에 잘 하던 행동을 못하거나 피하게 된다. 또 평소에 잘 가던 곳을 잘 못 가게 된다. 공황이 올 것 같은 행동 또는 공황 때 경험했던 신체적인 증상과 비슷한 증상을 경험하게 되는 행동을 못하게 되고 공황이 나타났던 장소나 그와 비슷한 장소들을 못가고 피하게 된다."라고 말한다.

공황장애의 일종으로 '광장 공포증' 이라는 용어가 있는데, 이 병중은 혼잡한 거리, 승강기, 버스 같은 폐쇄된 공간에는 가지 않으려 한다. 어쩔 수 없는 이유로 반드시 가야만 한다면 가족이나 친구를 동반하여야만 외출을 하고 심한 경우 외출을 하지 못하고 집안에서만 지내는 경우를 말한다.

필자가 경험한 바로는 갑자기 땅이 꺼지는 듯한 어지러움과, 하늘에서 떨어지는 듯한 어지러움과 불안감과 공포였다. 이런 증상이 오면 혹시 심각한 질병이나 몸에 이상이 생긴 것이 아닌가하는 의구심과 두려움이 기습한다. 그런 일이 있은 후, 유사한 상황을 피하게 되었다.

우리 속담에 '자라보고 놀란 가슴 솥뚜껑 보고 놀란다' 는 말이 있는 것처럼 공황발작을 경험한 사람들은 작은 이상이라도 느껴지면 이것이 공황장애로 이어지는 것이 아닐까 하고 불안하게 된다. 그러면 자동적으로 신체의 모든 신경이 곤두서고 두려움과 공포를 스스로 조성하여 인공적인 공황을 만들게 되는 것이다.

4) 우울증, 조울증, 공황장애자들이 겪는 증상들

우울증 환자들이 겪는 증상들은 크게 분류하면 8가지다.
① 만성 두통, 위통 등을 호소하기도 한다.
② 불안감과 두려움이다.
③ 무기력증(매사에 기운이 없고, 삶의 의미를 상실함)

④ 죽을지 모른다는 생각
⑤ 극심한 분노이다(조울증환자들에게 많이 나타남).
⑥ 자책이다(대부분 우울증 환자들에게 많이 나타남).
⑦ 공황장애다(호흡곤란을 호소하기도 함).
⑧ 환시와 환청이다.

문제는 이런 저런 생각과 통증이 순환하면서 반복하기 때문에 대처가 쉽지 않고, 우울증에서 벗어나기 어려운 것이다. 우울증을 앓고 있는 사람들의 마음 상태는 골리앗 앞에선 이스라엘 군사들처럼 안정을 찾을 수 없는 극심한 불안감에 빠져들게 되는데, 이 두려움과 불안에 대해 위기 없이 대처하게 만드는 것이 우울증 치료에 있어서 가장 중요한 요소다.

2. 우울증의 원인과 분석

1) 원인과 분석

　우울증의 원인을 현대 의학도 밝히지 못하고 있다. 뇌의 전달물질 이상으로 보는 생물학적 원인과 사회심리적 원인 그리고 유전적 원인이 있다고 보고 있다.
　의사들은 스트레스를 우울증 발병의 '방아쇠'로 본다. 지속적인 과도한 스트레스가 뇌 전달물질의 이상을 일으키면 사회심리학적으로 우울증을 유발한다고 생각한다.

　안일남, 성 안드레아 신경정신병원 진료부장은 다음과 같이 말한다.
　"우울증의 원인에 대해서는 여러 가지 연구가 되어 왔는데 최근의 연구에 의하면 '뇌 전달 물질의 이상에서 오는 우울증'과 '양극성 우울'에서는 X염색체와 관련(X-link)된 우성 유전에 의해서 우울증이 야기된다고 알려져 있다.

심리적 요인으로는 외부의 가치를 내향시키는 기질로 이해하고 있는데 다음과 같이 설명될 수 있다.

비교적 안정적이고 높은 가치를 추구하는 집안에서 자라는 어린아이가 감당키 어려운 높은 성취를 너무 일찍이 강요당하는 경우나 동생이 생기거나 젖떼기를 갑자기 했을 때 부모의 사랑을 잃을까 봐 불안해질 수 있다. 이때 부모의 기대와 가치관을 무조건 받아들이고 그의 요구를 따름으로써 잃어버린 사랑을 다시 회복하고자 하는 현상에 빠지면 부모의 사랑을 다시 얻었다는 확신을 가지게 된다. 부모의 사랑이 없으면 자책으로라도 사랑을 회복하려 하고 부모의 처벌도 달게 받는다. 즉, 철이 들어가면서 부모를 자아 속에 함입시킴으로써 책임감이 강한 성격, 강박적 성격이 되고 부모의 기대에 어긋나지 않는 아이로 자라게 된다.

이 자책은 우울의 핵이 되는 것인데 부모에게 순종이 힘겨울 때 다른 이상적인 대상 곧 사회적 영웅이나 성자로 자기의 이상을 바꾸어 나가기도 한다. 그 이상적 대상을 자기의 것으로 함입시키는 과정에서 자기 내부에 들어오는 중요한 대상이 상실되었다고 느낄 때 우울증에 빠진다고 해석하는 것이 심리적 분석이다.

실험 심리학에서는 중요한 대상의 상실이나 위험한 상황에 노출된 사건이 계기가 된다는 통계가 있다. 그러나 주요 정동 장애에서 나타나는 우울은 유전적 요인과 이에 따르는 뇌의 생화학적 변화가 일차적인 원인이고 이런 변화 때문에 환경 적응에 특수한 심리적 양상을 드러낸다고 보는 견해가 현재는 지배적이다. 그러나 예외적으로 환경에서 오는 자극이 뇌세포에 생화학적 변화를 이차적으로 가져올 수 있다는 견해도 있는데 이런 견해에 대해서는 확고한 증거가 아직 없는 실정이다.

병전(病前) 성격으로는 크레펠린이 주요 정동 장애의 병전 인격으로 지목한 강박성 인격과 의존성 인격이 우울성 인격에 해당되는데 이러한 병전 성격에서 우울증의 발생이 높게 나타난다."

정신의학에서는 우울증을 '뇌가 앓는 병'으로 기분장애 중 하나로 본다. 이 기분을 조절하는 데 이상이 생긴 것을 말하는 것이다. 그럼 기분을 조절하는 데 이상이 생긴 것을 조절하기만 하면 되는 것 아니냐고 말 할 수 있겠다. 그러나 문제는 그 기분을 조절할 능력이 인간에게 없다는 것이다.
  따라서 꾸준한 약물치료가 때로는 최선의 방법인데 환자가 스트레스를 받지 않도록 주위의 배려가 필요하다고 의사들은 말한다.

대부분의 사람들이 가끔씩 불안을 느끼는 것과 마찬가지로 우울증이라고 진단될 정도로 심하거나 자주는 아니더라도 우리는 통상 살아가는 도중에 슬픔을 겪게 된다. 그리고 잊어버리게 되고 다시 안정을 찾는다.
  그런데 문제는 깊은 슬픔과 염려, 죄책감, 사회적 위축, 배신감 등으로 심리적 변화가 지속적으로 일어나고 이로 인한 몸의 신체리듬의 변화와 동반되는 증상들을 확대해석하여 스스로 큰 병으로 오진하고 지나친 두려움과 불안감을 갖게 만드는데, 여기에는 의학적으로 밝혀내지 못하는 영적세계의 작용이 있다고 필자는 보는 것이다.
  그래서 필자는 우울증 1단계를 과도한 스트레스로 인해 약해진 인간의 마음이 사단의 공격을 받기 시작하는 초기 상황이라고 보고, 초기 진압에 실패했을 때 여러 양상을 띠게 되는데, 방치하면 더 깊은 울증과 조증과 불면증, 공황장애로 나타나게 된다. 심해지면 환청이 들리고, 정신 분열을 가져올 수도 있다. 고로 사전에 차단하는 초동조치가 매우 중요하다고 본다.

그럼, 모든 우울증은 모두 영적이 것인가? 먼저, 인간에 대한 이해가 필요하다.

2) 인간에 대한 이해

A) '하나님의 형상'으로 만들어진 인간

형상이라는 의미는 '실체'라는 의미이다. 실체라는 의미의 형상은 예수님에게서 찾아볼 수 있다.

골로새서 1:15 "그는 보이지 아니하시는 하나님의 형상이요"

빌립보서 2:6 "그는 근본 하나님의 본체시나 하나님과 동등됨을 취할 것으로 여기지 아니하시고" 예수님이 하나님의 형상이시고 실체이시다. 그런데 우리 인간도 '하나님의 형상(the image of God)'을 따라 지음 받은 존재라고 성경은 말하고 있다(창1:26). 하나님의 형상이라는 말 속에는 하나님의 속성과 성품이라는 의미가 내포되어 있다.

그러므로 인간의 마음 안에는 하나님의 속성과 품성이 내재되어 있다고 말하는 것이다.

B) '하나님의 모양대로' 지음 받은 인간

우리 인간은 '하나님의 모양대로(in the likeness of God)' 지음 받았다. 즉 인간은 하나님의 형상을 닮은 존재라는 것이다. 하나님은 특별히 인간에게 영적인 속성을 부여해 주셨다. 그래서 인간의 마음속에는 하나님의 영(spirit)과 같은 영(spirit)을 소유하게 되었다.

하나님께서 인간을 창조하실 때, 나타나는 장면을 보면 알 수 있다.

인간의 몸을 지으시고 우리 인간의 코에 자신의 생기를 불어 넣으셨다(창2:7). 그리하여 '생령 = 살아있는 있는 영혼(living soul)'으로 만들어 진 것이다.

성경은 하나님께서는 "사람 안에 심령은 **지으신**"(슥12:1) 창조주이심을 가르쳐주고 있다. 신구약 성경 여러 곳에서 인간은 몸과 혼 외에 영[spirit : 히브리어 'rûaḥ(루아흐)', 헬라어 'pneuma(프뉴마)']이 깊은 내면에 자리하고 있음을 말해주고 있다(욥32:8; 사57:15-16; 고전2:11; 살전5:23; 히4:12; 12:9).

인간은 이 영(spirit)을 통해 하나님과의 교제가 가능하게 되었다. 뿐만 아니라 우리 인간에게 지, 정, 의 즉 인격을 부여해 주신 것이다.

이것이 하나님이 창조한 다른 피조물과 다른 점이다. 그래서 인간은 인격적인 삶이 가능하게 된 것이다. 그런데 인간이 죄를 지었으므로 '영(spirit)'이 죽었고(엡2:1) 그 결과 '혼(soul)'은 하나님 앞에서 죽은 자 같이 된 것이다.

앤드류 머레이는 그의 저서 『그리스도의 영』에서 영과 혼의 분리를 아주 잘 설명하고 있는데, 인간의 영은 하나님을 알고 의식하는 기관이고 혼은 지, 정, 의 즉 자아를, 육은 감각을 의식하는 기관이라고 밝히고 있다.

영은 분명한 실재 기관이라는 것이다. "**내가 만일 방언으로 기도하면 나의 영이 기도하거니와 나의 마음은 열매를 맺지 못하리라**"(고전14:4)고 말씀한 성경구절은 방언을 말하는 영은 마음과 전혀 다른 대상임을 지적하고 있다.

고린도전서 14:15에서도 "**내가 영으로 기도하고 또 마음으로 기도하며 내가 영으로 찬미하고 또 마음으로 찬미하리라**"고 말씀하고 있지 않는가?

분명한 것은 우울증을 제대로 치료하려면 정신적인 면이나, 또는 영적인 부분 둘 다 치유해야 하지, 어느 한 부분만을 강조해서는 안 된다는 것이다.

예를 들면, 의사들이 약으로 환자를 치료를 할 때에는, 문제의 원인이 뇌 호르몬 분비의 장애라고 생각하고 약으로 치료된다고 믿는 것이다. 은사 사역자들은 우울증 환자를 모두가 귀신에 의한 것으로 인식하는 경향이 있다. 그래서 축사를 한 후에 상태가 좋아지면 문제의 원인이 전적으로 영적인 것이라고 믿는다. 그러나 두 경우 다 극단적으로 치우쳤다.

우울증의 문제는 정신조절 능력 상실에 따른 결과이자 현상이다. 과도한 스트레스에 따른 뇌신경의 과로로 볼 수도 있다. 그러므로 시간을 갖고 뇌신경의 휴식을 갖게 하고 약물을 복용하여 정상적인 뇌 활동을 하도록 돕는 것이 치료의 한 방법이다.

이는 단순히 뇌신경의 과로로 인한 정신 장애로 보고 대응하는 치료 방법일 뿐이다. 그러나 실은 그와 같이 약해진 틈을 타고 들어온 영적인 세력의 영향력으로 인해 우울증이 온 것으로 봄이 정확한 것이다. 그러므로 전문의의 처방과 상담만으로 우울증이 완전하게 치료되지 못하는 근본적인 이유인 것이다.

마음의 병인 우울증을 신경안정제나 항우울제 등 약물로 마음을 잡겠다는 것이 난센스 아닌가? 약물치료가 일시적인 영향을 끼치는 것은 확실하지만, 근본적인 치료제는 아니지 않는가? 지금도 몇 년, 몇십년을 약을 복용하고도 낫지는 않고 그로 인한 부작용으로 고생하는 사람들이 얼마나 많은가?

우울증의 치료에 영적인 접근이 필요하다는 사실은 다음과 같은 예에서도 설명될 수 있다.

우울증 환자들이 심할 경우 환시(환상)나 환청으로 시달리는 것을 볼 수 있다. 필자가 상담한 환자 중 아파트에 살고 있는 어떤 사람은 그가 베란다에 서 있으면 '뛰어내려라!'는 종종 음성이 들렸다고 고백하였다. 또 다른 사람은 '그렇게 사느니 차라리 죽어라!' 하고 속삭이는 음성이 들려 불안과 두려움에 사로 잡혀 지내는 것을 보았다.

기독교인들 중 성령충만한 이들은 환상도 보고 주님의 음성도을 듣는 경우도 있다. 그러나 이들은 환자들과 전혀 다르다. 고통을 당하거나 시달리지 않으며 밝고 기쁘게 안정적인 삶을 살아가며 주위 사람들에게 긍정적인 영향을 끼친다. 그러나 우울증 환자들은 오히려 주변 사람들에게 막대한 피해를 끼친다.

무엇이 다른가? 우울증 환자들은 귀신들의 영향을 받기 때문이고, 기독교인들은 성령(거룩한 하나님의 영)의 인도를 받기 때문이다.

필자가 얻은 결론은 의학적인 치료만으로는 쉽게 낫지 않으므로, 어느 한 영역으로의 치료를 고집해서는 안 된다는 것이다(신경정신과에서는 약물이나 상담을 통해 인간의 정신(혼)적인 부분(뇌신경계통)만 안정을 시키는 데 초점을 맞추고 있다).

사람의 마음을 안정 시키려면 정신(혼)적인 부분도 중요하지만, 영적인 부분에도 터치가 반드시 이루어져야 한다. 그 비밀을 필자는 성경에서 찾았다.

필자는 성경말씀과 예수님의 능력을 신뢰하고 그분의 도움을 청하면서 치료가 극대화 되는 것을 발견하게 되었다. 이와 같은 방법으로 임상해본 결과 초기 우울증 환자들의 경우에는 한 달도 되지 않아 우울증에서 벗어났고, 우울증세가 올 때마다 크게 불안해하던 오래된 내담자도 쉽게 안정을 찾고 회복되는 것을 보았다. 우울증 치료는 사람의 영, 혼, 육 모두에 전인적인 치유가 이루어져야 한다.

3. 우울증의 영적인 원인

성경에 나타난 가룟 유다의 자살 원인을 살펴보면, 사단의 개입을 볼 수 있다(벧전5:8). 먼저 사단은 유다의 마음에 예수를 팔려는 생각을 넣었다(요13:2). 그 후에 사단은 유다에게 들어가 그를 장악한 것이다(요13:27, 눅22:3). 그리고 자기의 선생인 예수님을 공회에 내어주고, 심정이 극도로 불안한 가운데, 양심의 가책을 느껴 자살하게 된다(행1:18).

요한복음 10:10절에 "도둑이 오는 것은 도둑질하고 죽이고 멸망시키려는 것뿐이요" 말씀하고 있다.

마가복음 9:18절은 조금 다르지만 이렇게 기록되어 있다. "귀신이 어디서든지 그를 잡으면 거꾸러져 거품을 흘리며 이를 갈며 그리고 파리해지는지라 내가 선생님의 제자들에게 내쫓아 달라 하였으나 그들이 능히 하지 못하더이다"

그의 아버지는 자기 아들에 대한 귀신의 만행을 예수님께 보고하고 있는 장면이다. 그가 설명하는 표현 중 '거꾸러져'는 본래 귀신의 행동을 묘사한 말로서 영어성경 NIV는 'it throws him to the ground'로 표현하고 있다. 사용된 헬라어 동사는 'ρήσσω(레쏘)'인데, '부서 버리다. 내던져 산산조각으로 만들다. 땅 바닥에 내동댕이치다'라는 뜻을 가진 단어이다. 아이가 거품을 흘리며 이를 갈며 파리해지게 된 원인을 밝혀주고 있는 것이다.

강력한 공포가 찾아오면 사람은 안절부절 못하게 된다. 증상이 심해지면 심각한 공황장애의 형태로 나타나 호흡 곤란을 호소하며 쓰러지게 되는데 이와 유사한 행동을 취하게 된다.

우리가 여기서 알아야 할 것은 귀신 들림과 우울증은 차이가 있다는 것이다.

우울증은 귀신이 생각을 넣어 번민하게 만드는 상태이고(우울증 단계별로 약간씩 증상 차이를 보이지만), 귀신들림은 사단에게 항복하고 자신의 의지를 내어 주어 장악된 상태를 말하는 것이다. 그러므로 또 다른 자아를 가졌기 때문에 다른 사람(또 다른 나)처럼 행동하는 것이다. 이를 다중인격이라고 부른다.

우울증은 영의 기능에 전부가 아닌, 일부분이 문제가 있는 상태이지만 더 이상 자신의 의지나, 정서나 신체로 지탱해내지 못한다.

스스로의 힘으로는 도저히 헤어나올 수 없는 상태이기에 상실한 영의 상태를 회복하도록 기운을 북돋아 주어야 한다. 우울증은 영적 공격에 속수무책 당하고 있지만, 항복을 하고 내어준 상황은 아니므로 사단의 공격에 맞설 수 있도록 누군가가 도와준다면 반드시 일어설 수 있다(약4:7절).

1) 마귀(사탄)의 정체

"큰 용이 내쫓기니 옛 뱀 곧 마귀라고도 하고 사탄이라고도 하며 온 천하를 꾀는 자라 그가 땅으로 내쫓기니 그의 사자들도 그와 함께 내쫓기니라 내가 또 들으니 하늘에 큰 음성이 있어 이르되 이제 우리 하나님의 구원과 능력과 나라와 또 그의 그리스도의 권세가 나타났으니 우리 형제들을 참소하던 자 곧 우리 하나님 앞에서 밤낮 참소하던 자가 쫓겨났고"(계12:9-10)

사단(루시퍼)은 음악, 천사 1/3을 다스리던 천사장이었으나 타락하여 이 세상으로 쫓겨났다. 그를 본문에서는 큰 용, 마귀, 뱀이라고 부른다.

마귀는 헬라어로 '디아볼로스(diabolos)'인데, '(거짓으로) 참소하는 자, 고발자, 비방하는 자'를 뜻한다(참조: 딤전3:11; 딤후3:3; 딛2:3). 마음의 틈으로 파고든 마귀는 분의 씨앗을 점점 키워 극도의 증오심과 살의(殺意)까지 품게 하고 급기야 행동으로 옮기도록 충동질하기도 한다(참조: 엡4:26-27; 요8:44; 요일3:1)고 성경은 사단의 특성을 잘 밝히고 있다.

"사단과 그의 사자들"이라는 표현이 나온다. 그(사단)를 추종하는 타락한 천사들을 말하는 것이다. 이를 성경은 귀신으로 규정한다. 우리는 사단의 추종세력들이 얼마나 되는지는 구체적으로 알 수 없지만, 엄청난 숫자라는 것은 분명히 알 수 있다.

마가복음 5:9절을 보면, 거라사의 광인이 나오는데 자기의 이름을 '군대 - 레기온(legion, 참조: 마26:53)'이라고 말한다.

레기온은 대략 6,000명으로 조직된 로마의 1개 군단의 병력을 말한다. 그 악령들이 수많은 사고와 분쟁과 질병과 갈등을 초래하고 있는 것이다. 이 악령들의 거점이 사람과 짐승이라는 것은 성경을 통해 우리가 알 수 있다(마12:43-35; 행8:7).

2) 사단의 명칭과 특성

A. 명칭
- 점치는 귀신 (행16:16)
- 미혹케 하는 영 (요일4:6)
- 의심의 영 (민5:14)
- 접신 (신18:11)
- 적그리스도의 영 (요일4:3)
- 두려움의 영 (딤후1:7)
- 마음을 슬프게 하는 귀신 (삼상1:15)
- 깊이 잠들게 하는 귀신 (사29:10)
- 음란한 귀신 (호4:12)

B. 특징
* 거짓말쟁이, 살인자라고 규정한다

요한복음 8:44; 요한계시록 12:9 **"너희는 너희 아비 마귀에게서 났으니 너희 아비의 욕심을 너희도 행하고자 하느니라** 그는 처음부터 살인한 자요 진리가 그 속에 없으므로 진리에 서지 못하고 거짓을 말할 때마다 제 것으로 말하나니 이는 그가 거짓말쟁이요 거짓의 아비가 되었음이라"

* 교만하여 하늘에서 쫓겨난 존재다

에스겔 28:13-16 "네가 옛적에 하나님의 동산 에덴에 있어서 각종 보석 곧 홍보석과 황보석과 금강석과 황옥과 홍마노와 낭옥과 청보석과 남보석과 홍옥과 황금으로 단장하였음이여 네가 지음을 받던 날에 너를 위하여 소고와 비파가 준비 되었도다 너는 기름 부음을 받고 지키는 그룹임이여 내가 너를 세우매 네가 하나님의 성산에 있어서 불타는 돌들 사이에 왕래 하였도다 네가 지음을 받던 날로부터 네 모든 길에 완전하더니 마침내 네게서 불의가 드러났도다 네 무역이 많으므로 네 가운데에 강포가 가득하여 네가 범죄 하였도다 너 지키는 그룹아 그러므로 내가 너를 더럽게 여겨 하나님의 산에서 쫓아냈고 불타는 돌들 사이에서 멸하였도다"

* 호시탐탐

베드로전서 5:8 "근신하라 깨어라 너희 대적 마귀가 우는 사자 같이 두루 다니며 삼킬 자를 찾나니"

* 집단으로 거주하기도 한다

마태복음 12:43-45 "더러운 귀신이 사람에게서 나갔을 때에 물 없는 곳으로 다니며 쉬기를 구하되 쉴 곳을 얻지 못하고 이에 이르되 내가 나온 내 집으로 돌아가리라 하고 와 보니 그 집이 비고 청소되고 수리 되었거늘 이에 가서 저보다 더 악한 귀신 일곱을 데리고 들어가서 거하니 그 사람의 나중 형편이 전보다 더욱 심하게 되느니라 이 악한 세대가 또한 이렇게 되리라"

마가복음 5:9 "이에 물으시되 네 이름이 무엇이냐 가로되 내 이름은 군대니 우리가 많음이니이다"

* 귀신은 사람에게 붙어있기도 한다

사도행전 8:7-8 "많은 사람에게 붙었던 더러운 귀신들이 크게 소리를 지르며 나가고 또 많은 중풍병자와 못 걷는 사람이 나으니 그 성에 큰 기쁨이 있더라"

* 분노를 틈타 들어오기도 한다

에베소서 4:26-27 "분을 내어도 죄를 짓지 말며 해가 지도록 분을 품지 말고 마귀에게 틈을 주지 말라"

* 이방인의 제사를 통해 교제한다

고린도전서 10:20 "무릇 이방인이 제사하는 것은 귀신에게 하는 것이요 하나님께 제사하는 것이 아니니 나는 너희가 귀신과 교제하는 자가 되기를 원하지 아니하노라"

* 도적질하고 죽이려는 데 있다

요한복음 10:10 "도둑이 오는 것은 도둑질하고 죽이고 멸망시키려는 것 뿐이요 내가 온 것은 양으로 생명을 얻게 하고 더 풍성히 얻게 하려는 것이라"

사단과 그의 추종 세력들은 이처럼 다양한 방법으로 틈타고 들어와 혼란을 야기시키고 최후 사망에 이르게 한다.

그러나, 여기서 우리가 알아야 할 중요한 것이 있다. 귀신은 공포의 대상이 아니라 더러운 존재이고 대적할 만한 싸움의 대상이라고 성경은 말씀하고 있다.

마가복음 1:26 "더러운 귀신이 그 사람으로 경련을 일으키게 하고 큰 소리를 지르며 나오는지라"

마가복음 5:8 "이는 예수께서 이미 저에게 이르시기를 더러운 귀신아 그 사람에게서 나오라 하셨음이라"

마가복음 6:7 "열두 제자를 부르사 둘씩 둘씩 보내시며 더러운 귀신을 제어하는 권세를 주시고"

필자도 귀신의 존재에 대한 두려움으로 불안하게 보내던 중에 하나님께서 꿈을 통해 사단의 추종세력(귀신)은 무서운 존재가 아닌 더러운 존재임을 깨닫게 해주셨고, 그때부터 담대하게 대항하게 되었다.

야고보서 4:7절 "그런즉 너희는 하나님께 순복 할지어다 마귀를 대적하라 그리하면 너희를 피하리라" 무서워 하여 피하지 말고 대적하라고 말씀하신다.

이어서 에베소서 6:10-12절은 이렇게 대적하는 자가 갖추어야 할 호신장구를 말씀하고 있다. "끝으로 너희가 주 안에서와 그 힘의 능력으로 강건하여지고 마귀의 간계를 능히 대적하기 위하여 하나님의 전신갑주를 입으라 우리의 씨름은 혈과 육을 상대하는 것이 아니요 통치자들과 권세들과 이 어둠의 세상 주관자들과 하늘에 있는 악의 영들을 상대함이라" 전쟁터 나가는 군인이 무장하듯이 영적전쟁에 임하는 신자들은 무장해야 됨을 환기 시킨다.

3) 성경에 나타난 사단의 활동과 축귀사역

● 복음서에 나타난 예수님의 축귀사역

누가복음 13:10-16 "예수께서 안식일에 한 회당에서 가르치실 때에

11 열여덟 해 동안이나 귀신 들려 앓으며 꼬부라져 조금도 펴지 못하는 한 여자가 있더라 12 예수께서 보시고 불러 이르시되 여자여 네가 네 병에서 놓였다 하시고 13 안수하시니 여자가 곧 펴고 하나님께 영광을 돌리는지라 14 회당장이 예수께서 안식일에 병 고치시는 것을 분 내어 무리에게 이르되 일할 날이 엿새가 있으니 그 동안에 와서 고침을 받을 것이요 안식일에는 하지 말 것이니라 하거늘 15 주께서 대답하여 이르시되 외식하는 자들아 너희가 각각 안식일에 자기의 소나 나귀를 외양간에서 풀어내어 이끌고 가서 물을 먹이지 아니하느냐 16 그러면 열여덟 해 동안 사탄에게 매인 바 된 이 아브라함의 딸을 안식일에 이 매임에서 푸는 것이 합당하지 아니하냐"

마가복음 5:1-17 "예수께서 바다 건너편 거라사인의 지방에 이르러 2 배에서 나오시매 곧 더러운 귀신 들린 사람이 무덤 사이에서 나와 예수를 만나니라 3 그 사람은 무덤 사이에 거처하는데 이제는 아무도 쇠사슬로도 맬 수 없게 되었으니 4 이는 여러 번 고랑과 쇠사슬에 매였어도 쇠사슬을 끊고 고랑을 깨뜨렸음이러라 그리하여 아무도 그를 제어할 힘이 없는지라 5 밤낮 무덤 사이에서나 산에서나 늘 소리 지르며 돌로 자기의 몸을 해치고 있었더라 6 그가 멀리서 예수를 보고 달려와 절하며 7 큰 소리로 부르짖어 이르되 지극히 높으신 하나님의 아들 예수여 나와 당신이 무슨 상관이 있나이까 원하건대 하나님 앞에 맹세하고 나를 괴롭히지 마옵소서 하니 8 이는 예수께서 이미 그에게 이르시기를 더러운 귀신아 그 사람에게서 나오라 하셨음이라 9 이에 물으시되 네 이름이 무엇이냐 이르되 내 이름은 군대니 우리가 많음이니이다 하고 10 자기를 그 지방에서 내보내지 마시기를 간구하더니 11 마침 거기 돼지의 큰 떼가 산 곁에서 먹고 있는지라 12 이에 간구하여 이르되 우리를 돼지에게로 보내어 들어가게 하소서 하니13 허락하신대 더러운 귀신들이 나와서 돼지에게로 들어가매 거의 이천 마리 되는 떼가 바다를 향하여 비탈로 내리달아 바다에서 몰사하거늘 14 치던 자들이 도망하여 읍내와 여러 마을에 말하니 사람들이 어떻게 되었는지를 보러 와서 15 예수께 이르러 그 귀신 들렸던 자 곧 군대 귀신 지폈던 자가 옷을 입고 정신이 온전하여 앉은 것을 보고 두려워하더라 16 이에 귀신 들렸던 자가 당한 것과 돼지의 일을 본 자들이 그들에게 알리매 17 그들이 예수께 그 지방에서 떠나시기를 간구하더라"

누가복음 9:37-43 "이튿날 산에서 내려오시니 큰 무리가 맞을새 38 무리 중의 한 사람이 소리 질러 이르되 선생님 청컨대 내 아들을 돌보아 주옵소서 이는 내 외아들이니이다 39 귀신이 그를 잡아 갑자기 부르짖게 하고 경련을 일으켜 거품을 흘리게 하며 몹시 상하게 하고야 겨우 떠나가나이다 40 당신의 제자들에게 내쫓아 주기를 구하였으나 그들이 능히 못하더이다 41 예수께서 대답하여 이르시되 믿음이 없고 패역한 세대여 내가 얼마나 너희와 함께 있으며 너희에게 참으리요 네 아들을 이리로 데리고 오라 하시니 42 올 때에 귀신이 거꾸러뜨리고 심한 경련을 일으키게 하는지라 예수께서 더러운 귀신을 꾸짖으시고 아이를 낫게 하사 그 아버지에게 도로 주시니 43 사람들이 다 하나님의 위엄에 놀라니라"

● **사도행전 16장에는 사도 바울의 축귀사역이 나타난다.**
16-18절 "우리가 기도하는 곳에 가다가 점치는 귀신 들린 여종 하나를 만나니 점으로 그 주인들에게 큰 이익을 주는 자라 그가 바울과 우리를 따라와 소리 질러 이르되 이 사람들은 지극히 높은 하나님의 종으

로서 구원의 길을 너희에게 전하는 자라 하며 이같이 여러 날을 하는지라 바울이 심히 괴로워하여 돌이켜 그 귀신에게 이르되 예수 그리스도의 이름으로 내가 네게 명하노니 그에게서 나오라 하니 귀신이 즉시 나오니라"

또, 빌립이 사마리아성에 내려가 복음을 전할 때, 나타나는 현상을 사도행전 8:7절에 이렇게 기록되어 있다. "많은 사람에게 붙었던 더러운 귀신들이 크게 소리를 지르며 나가고 또 많은 중풍병자와 앉은뱅이가 나으니"라고 기록되어 있다.

누가복음은 마태와 마가와 달리 이렇게 표현하고 있다. "38 예수께서 일어나 회당에서 나가사 시몬의 집에 들어가시니 시몬의 장모가 중한 열병에 붙들린지라 사람이 저를 위하여 예수께 구하니 39 예수께서 가까이 서서 열병을 꾸짖으신대 병이 떠나고 여자가 곧 일어나 저희에게 수종드니라"

베드로의 장모의 열병을 꾸짖으시매 병에서 나아 수종을 들었다고 말씀하신다.
각색 병자들을 데려오매 일일이 손을 얹으시고 고치셨다고 말씀하시는 장면과 다르다.
그녀의 열병은 어떤 인격을 가진 것에 의한 것이었기 때문에 이런 표현을 쓰고 있는 것이다. 예수께서는 귀신에 의한 것과 일반적인 질병을 구분하여 치유하시는 것을 볼 수 있다.

4. 마귀(사탄)의 공격 방법

성경은 사탄이 매우 영리하고 교활하고 위험한 존재라고 말하고 있다. 사탄도 역시 영적인 존재이기 때문에 우리의 약점과 연약함을 잘 알고 있어 당신의 약한 부분을 통해 공격해 온다.

사탄이 보유하고 있는 무기 중에 가장 강력한 것은 심리적인 것이다. 그 중의 하나가 두려움과 불안함, 의심도 그 중의 하나이다. 분노, 적대감, 염려도 이에 포함되며, 죄책감은 말할 것도 없다. 오랜 기간 동안 지속되는 죄책감은 떨쳐 버리기가 쉽지 않다.

1) 부정한 생각을 심는다

요한복음 13:2절을 보면 "마귀가 벌써 시몬의 아들 가룟 유다의 마음에 예수를 팔려는 생각을 넣었더니…."

누구나 이런 저런 생각이나 상상을 할 수 있다. 그러나 그 생각이 떠나가지 않고 지속적으로 사로잡는 것이 문제인 것이다.

근거도 없는 온갖 잡념들(분노, 의심, 염려, 불안, 두려움)이 떠오르며, 오랫동안 지속되다 보면 심한 두통이나 위통, 머리가 어지럽고, 땅이 꺼지는 듯한 느낌을 받기도 하고, 호흡곤란을 호소하는 등, 신체에 이상이 나타나게 된다.

그 현상은 당사자가 비관적인 생각이나 염려를 마음에 두고 있기 때문에 과도한 뇌기능의 혹사로 인해 신체가 반응하는 것이다(기계를 쉬지 않고 가동하면 이상이 오듯이).

우울증을 상담하면서, "그 생각은 어디서 오는가?"라고 물으면 "내가 만들어낸 생각이다"고 말하기도 한다. 물론 내가 만들어내기도 한다. 그러나 그 생각의 출처가 내가 아닌 다른 데도 있다는 것을 성경은 말씀하고 있다. 그게 바로 사단이다.

그 생각이 나의 생각이든 사단의 생각이든 상관없다. 문제는 그 생각이 사라지지 않고 증폭되고 확장되어가므로 인해 불안과 두려움에 사로잡히게 되는데 여기에는 사단의 공격이 개입된 것을 알아야 한다.

우울증 환자들은 자신이 공격 받는 것을 안다. 다시 공격이 시작되었구나 느끼게 되는데 그 부분이 사단의 역사라는 것이다.

사도행전 5:4절을 보면 이렇게 말씀한다. "어찌하여 이 일을 네 마음에 두었느냐"('*ethou*(에쑤)', '*tithēmi*(티쎄미)' 동사의 부정과거 중간태, '배치하다, 고정하다, 놓다'의 뜻) 사단의 유혹을 받았을 때 그 유혹을 마음속에 고정시키고 계속해서 그 유혹을 간직하고 재생산해 내고 있었던 것이다.

그리스도인의 몸은 성령께서 거하시는 성전이다(고전6:19). 그 성전을 아름답고 깨끗하게 가꿔나가야 하는데 근심과 걱정과 두려움으로 성전을 더럽히고 있지는 않은가 생각해 봐야 한다. 아름답고 선한 하나님의 말씀을 생각하고 하나님을 생각하고 예수님을 바라보면 거룩한 것들로 채워나가야 하는데 사단은 그렇지 못하도록 우리의 생각 속에 쓰레기(온갖 잡념)들을 던지면서 어지럽히고 혼란스럽게 만드는 것이다.

창세기 3장을 보면 사단과 하와의 대화에서 교훈을 얻을 수 있다.
"1 그런데 뱀은 여호와 하나님이 지으신 들짐승 중에 가장 간교하니라 뱀이 여자에게 물어 이르되 하나님이 참으로 너희에게 동산 모든 나무의 열매를 먹지 말라 하시더냐 2 여자가 뱀에게 말하되 동산 나무의 열매를 우리가 먹을 수 있으나 3 동산 중앙에 있는 나무의 열매는 하나님의 말씀에 너희는 먹지도 말고 만지지도 말라 너희가 죽을까 하노라 하셨느니라 4 뱀이 여자에게 이르되 너희가 결코 죽지 아니하리라 5 너희가 그것을 먹는 날에는 너희 눈이 밝아져 하나님과 같이 되어 선악을 알 줄 하나님이 아심이니라 6 여자가 그 나무를 본즉 먹음직도 하고 보암직도 하고 지혜롭게 할만큼 탐스럽기도 한 나무인지라 여자가 그 열매를 따먹고 자기와 함께 있는 남편에게도 주매 그도 먹은지라 7 이에 그들의 눈이 밝아져 자기들이 벗은 줄을 알고 무화과나무 잎을 엮어 치마로 삼았더라"

1절 "뱀은 여호와 하나님이 지으신 들짐승 중에 가장 간교하니라" 분명히 뱀은 지음 받은 피조물이다. 뱀은 탁월한 영리함을 가지고 있다. 이렇게 부정적으로 '간교한' (히브리어 : 'ārûm(아룸)' 이라고 번역되어 있지만, 잠언에서는 '슬기로운'이라는 긍정적인 의미로 번역되어 있다. 뱀은 슬기로웠지만, 그것을 부정적으로 사용했다.

  뱀은 고도의 수사적인 질문을 한다. 뱀의 의도는 하나님이 먹지 말라고 하신 나무 열매를 먹도록 유인하는데, 뱀의 논리적인 말을 이겨낼 수 없다. 그러므로 뱀과 대화를 나누는 것 자체가 잘못 된 것이다.

  뱀은 "**결코 죽지 않는다**"고 여자의 빈틈을 공략하면서 한 단계 수위를 높인다. "**너희가 결코 죽지 아니하리라**" 결국 뱀은 하나님의 말씀을 정면으로 뒤집으면서 여자에게 말씀에 불순종하는 새로운 대안을 제시한다.

  뱀은 어째서 죽지 않는지 그 이유를 설명한다. "**너희가 그것을 먹는 날에는 너희 눈이 밝아져 하나님과 같이 되어질 줄 하나님이 아심이니라**" 기존에 볼 수 없는 것을 아는 단계에 이를 수 있다고 유혹한다.

  뱀은 감히 하나님의 영역까지 침범할 수 있다고 부추긴다. 선악을 알게 하는 단계에 이를 것이라고 말하면서 죽음마저도 좌우하는 단계에 이를 것이라고 강력하게 밀어 붙인다. 다 거짓말이다. 눈이 밝아진 결과를 보라! 하나님과 같이 되거나 지혜를 얻게 되기는 커녕, 수치심만 느끼게 되었다.

  사단의 말에 귀를 기울이면 그 마지막은 사망이다. 사단이 주는 생각을 묵상하는 것은 죽음에 이르는 길에 발을 들여놓는 것이다. 빨리 사단의 세력들이 쳐놓은 올무(생각)에서 빠져나와야 한다.

2) 침투하여 장악한다

이런 잡념을 깊이 묵상하게 되면 확장케 되어 그 생각의 지배를 받게 된다. 그래서 성경은 그 악감정을 묵상할 시간을 정해 놓았다. 에베소서 4:26-27절에 "분을 내어도 죄를 짓지 말며 해가 지도록 분을 품지 말고 마귀에게 틈을 주지 말라"

어떤 이유든 자신이 분을 내게 되면 마음에 상처가 생기게 되는데, 그 마음의 상처를 즉시 치유하지 않으면 더 큰 상처로 자라게 되고 마침내 마귀가 틈을 타는 경로를 만들어 주게 된다(벧전5:8).

그래서 분냄과 부정적인 감정은 해가 지도록 품어서는 안 된다.

가룟 유다의 경우가 그렇다. "예수께서 대답하시되 내가 한 조각을 적셔다가 주는 자가 그니라 하시고 곧 한 조각을 적셔다가 가룟 시몬의 아들 유다를 주시니 조각을 받은 후 곧 사단이 그 속에 들어간지라"(요13:26-27) 들어간다는 것은 가룟 유다의 마음의 상태가 사단에 의해 점령당했음을 말하는 것이다(온통 예수님을 팔려는 생각으로만 가득 찬 상태).

사도행전 5:3절을 보면 "사단이 네 마음에 가득하여" 사단이 충만한 상황으로 바뀌어진 것이다. 어찌 감히 사람이 하나님을, 성령을 속일 수 있겠는가? 이러한 일이 생겨난 것은 그 마음을 사단에게 빼앗겨 버렸기 때문이다. 그렇지 않고서야 하나님을 향하여 모욕적인 행위를 할 자가 어디 있는가?

사단이 그 마음을 사로잡게 되면 사단이 그 사람 전체를 지배하게 되는 것이다. 그래서 예수께서는 베드로에게 단호하게 "사단아 물러

가라!" 말씀하신 것이다. 사단에게 사로잡히게 되면 극심한 혼란과 우울증과 조울증세를 보이게 된다.

3) 철저히 위장한다

사단의 특성 : 거짓말, 속이고, 미혹한다. 요8:44절 보면 **"너희는 너희 아비 마귀에게서 났으니 너희 아비의 욕심을 너희도 행하고자 하느니라 저는 처음부터 살인한 자요 진리가 그 속에 없으므로 진리에 서지 못하고 거짓을 말할 때마다 제 것으로 말하나니 이는 저가 거짓말쟁이요 거짓의 아비가 되었음이니라"**

우울증 환자들이 사단의 공격을 받는 것이 확실한 것은 앓고 있는 질병의 증상을 더 확대해석하고 그 질병이 가져다주는 것보다 더 심한 두려움과 공포를 유발하는 것을 볼 때 확실히 알 수 있다. 문제는 그 원인의 사실관계를 알게 되어도 이미 점령된 사단의 생각에서 쉽게 헤어나지 못하는데 있다.

내담자 중에 전혀 그런 기미가 보이지 않는 사람이 영양실조, 갱년기장애 같다고, 자기 스스로를 진단하고, 링거 주사를 맞는 것을 보았다.
어떤 사람은 보수신학자들의 견해를 받아들이고 이런 영적싸움에 대한 이론을 반박하고 받아들이지 않았다.
이런 사람들은 약물치료만을 고집한다. 그렇다고 잘못되었다고는 말하고 싶지 않다. 약물을 복용하면서 어느 정도 극복할 수 있기 때문이다. 그러나 이런 경우는 계속해서 약에 의존을 해야 하는데 근본적인 치료가 되지 않는다. 신학도 한 부분이고 하나의 이론에 불과하다. 배우고, 알고 있는 지식이 전부인 것처럼 착각하게 되는데, 이것이 사단의 다양한 속임수이다. 속지 말아야 한다.

4) 정체가 들어나면 더 강하게 공격하기도 한다

마치 모세가 바로에게 가서 이스라엘 백성을 놓으라 하자, 이스라엘 백성들에게 더 고역을 시키듯이 더 심한증세를 호소하기도 한다. 그리고 잘못된 판단을 하고 있듯이 의심을 갖게 해 영적 싸움을 포기하게 만든다.

예) 상담 치료받던 내담자 한 사람이 긴급히 병원 응급실에 가야 하겠다고 전화가 왔다. 물론 다른 증상이 나타났기 때문이다. 이는 잘못된 판단을 하고 영적 싸움을 포기한 것이다. 필자는 병원에 가지마라는 말이 아니다. 병원에 가서 약을 처방 받고 복용도 해야 한다. 문제는 영적 싸움을 해야 한다는 마음이 무너진 것을 말하는 것이다. 그때 내담자의 마음을 진정 시키고 상담하며 이해시켜야 한다. "절대 겁먹지 말라. 능히 도우시는 하나님을 바라보라! 싸움은 이제부터다. 지금까지는 적을 알지 못하고 일방적으로 당하기만 했지만, 이제는 적의 공격을 알고 전투태세를 취하고 있기 때문에 다른 방법으로 선제공격을 한 것이다"라고 안심시킨 적이 있다.

어떤 사람은 사단의 공격이라는 말에 더 공포에 사로잡히기도 하는데 이는 사단의 정체에 대해 알지 못하기 때문이다. 앞 부분에서 말했지만, 귀신들은 예수님의 말씀 앞에 오금을 펴지 못한다는 사실이다.

그러므로 예수 믿는 자에게 주어진 권세와 특권을 강화시켜주면 이긴다는 것이다.

5) 하나님을 향한 분노를 갖게 한다

예레미야 14:19절을 보면 "주께서 유다를 온전히 버리시나이까 주의 심령이 시온을 싫어하시나이까 어찌하여 우리를 치시고 치료하지 아니하시나이까 우리가 평강을 바라도 좋은 것이 없고 치료받기를 기다려도 놀람을 보나이다"

예레미야 15:18에도 "나의 고통이 계속하며 상처가 중하여 낫지 아니함은 어찜이니이까 주께서는 내게 대하여 물이 말라서 속이는 시내 같으시리이까"
예레미야도 하나님께 대하여 말라버리는 시냇물처럼 믿을 수 없게 되었다고 한탄한다. 심한 통증과 고통이 동반 지속되어질 때 우리의 마음은 흔들리기 시작한다.

필자도 2년이라는 시간이 지나도 여전히 변하지 않는 현실을 보면서 실망하기 시작했다. 그러던 중 주께서 "래근아, 조금만 더 참아라!" 말씀하실 때 나는 화가 났다. 지금 몇 년째인데요? 아직도 그런 말씀하십니까? 잔소리 말고 고쳐 주시요!" 그 후에 주께서는 침묵하셨다. 오랜 시간 지속되는 고난의 과정에서 하나님을 향한 분노로 얼룩진 탄식으로 변한 것이다.

하나님을 향한 분노의 표현들은 나와 하나님과의 관계를 멀어지게 만든다. 이 시기에는 마음의 평강을 찾으려 기도하지만 기도가 잘 되지 않는다. 성경을 읽거나 신앙 서적을 제대로 읽을 수 없다. 모든 것이 다 싫어진다. 이때에는 모든 것을 중단하고 조용히 하나님의 얼굴을 구하라! 주님을 깊이 묵상하라. 성령께서 일하시도록 그 분께 맡겨야 한다. 성령의 임재를 기다리라. 그러면 빛이 임하고 어두움의 세력이 떠나고 하나님의 풍성한 자비와 은혜를 맛보게 된다.

6) 자책하게 한다

자신이 지은 죄에 대한 회개가 아니라, 자신의 연약함과 나약함으로 인해 큰 실의에 빠진 상태다. 나는 부족해서, 하나님 앞에 설 수도 없고 기도할 수도 없는 죄인이라고 말하면서 나로 인해 내 가족이 어려움을 당한다고 자신에 대한 연약함을 호소하는 경우이다. 어찌 보면, 신앙심이 좋은 것으로 착각할 수 있다. 그러나 이는 회개가 아니다.

이는 사단의 공격 방법 중의 하나로 실의에 빠지게 만들고 연약한 존재로 인식시켜 자책하게 해서 사단의 밥으로 만든 경우이다.

요한계시록 12:9-10을 보면 사단이 하는 일을 알 수 있다. "큰 용이 내쫓기니 옛 뱀 곧 마귀라고도 하고 사단이라고도 하며 온 천하를 꾀는 자라 그가 땅으로 내쫓기니 그의 사자들도 그와 함께 내쫓기니라 내가 또 들으니 하늘에 큰 음성이 있어 이르되 이제 우리 하나님의 구원과 능력과 나라와 또 그의 그리스도의 권세가 나타났으니 우리 형제들을 참소하던 자 곧 우리 하나님 앞에서 밤낮 참소하던 자가 쫓겨났고"

사단의 추종세력들이 땅으로 내려와 인간의 죄와 허물을 생각나게 하고 정죄한다. 그리고 인과응보의 교리에 근거해, 하나님을 두려운 심판하시는 분으로만 오해하게 만든다. 그 결과 자괴감에 빠져 자책하게 되는데, 단호하게 구원 받은 자신의 신분과, 죄와 허물로부터 용서받은 사실을 확인시켜줘야 한다.

종교개혁자 마틴 루터가 심신이 몹시 쇠약해져서 자리에 누워 있었다. 이때 마귀가 병실에 나타났다. 마귀는 루터를 노려보면서 두루마리 책을 펼쳤다. 그 두루마리에는 루터가 태어나면서부터 지금까지 지은 모든 죄가 자세하게 기록되어 있었다.

마귀는 이렇게 말했다. "너 같은 죄인이 어떻게 종교 개혁을 할 수 있단 말이냐? 네 놈은 내 종이다. 너는 아무것도 할 수 없어. 어서 포기해" 루터는 마귀를 향해 외쳤다. "마귀야, 너는 잊은 게 하나 있다." 요한일서 1장7절은 "그 아들 예수의 피가 우리를 모든 죄에서 **깨끗하게 하실 것이요**"라고 했다.

"나의 모든 죄는 이미 청산되었다. 왜 그것은 기록하지 않았느냐?" 그러자 마귀는 급히 도망쳐 버리고 두루마리도 온데간데 없이 사라졌다. 이처럼 마귀는 말씀에 약하다.

에베소서 2:1절에는 "**너희의 허물과 죄로 죽었던 너희를 살리셨도다**"라고 말씀하고 있다.

에베소서 2:5절은 "**허물로 죽은 우리를 그리스도와 함께 살리셨고 (너희가 은혜로 구원을 얻은 것이라)**"라고 말씀하고 있다.

예수께서는 간음하다 현장에서 잡혀온 여인에게 나도 너를 정죄치 않으신다고 말씀하신다(요8:11). "그러므로 이제 그리스도 예수 안에 있는 자에게는 결코 정죄함이 없나니"(롬8:1)라고 말씀하신다. 자책하게 하는 마귀에게 이제 더 이상 속지 말아야 한다.

　모든 판단의 기준은 성경에 근거하여야 한다. 자기 생각이나 그 누구의 말로도 해석하지 못하게 해야 한다. 슬픔과 좌절은 귀신의 특징이다.
　하나님의 뜻은 "범사에 감사하라"(살전5:18), "마음의 즐거움은 양약이라"(잠17:22)라고 말씀한다. 슬픔의 영을 예수님의 이름으로 강력하고 단호하게 추방하고 성령의 임재를 구해야 한다.

7) 사단의 공격을 받는 사람의 여러 증상들

A. 자주 꿈을 꾼다
　꿈을 자주 꾸게 되는데 그 꿈으로 인해 두려워하게 된다. 우리가 성경을 보면 꿈을 꾸게 되는 경우 하나님께서 주시는 경우가 많이 기록되어 있다. 지금도 아랍지역의 무슬림들 중에는 꿈을 통해 주님을 만나서 예수를 영접하는 경우가 많다고 한다.
　그러나 우리가 알아야 할 것은 깊은 생각에 사로잡혀 묵상하다보면 꿈으로 나타나는 경우도 있다는 것이다. 특히 우울증 환자의 경우는 대부분 이런 경우의 꿈을 꾼다. 하나님이 주시는 꿈이 아니라는 것이다. 그 꿈을 무시해야 하는데 쉽게 잊혀지지 않는다.
　그리고 그 꿈으로 인하여 불안해한다. 그러므로 이로 인해 시달리는 경우에는 생각을 다른 방향으로 유도하도록, 환경의 변화를 구하는 것도 한 방법이다.

B. 불면증

쓸데없는 고민을 하거나 그 생각에 사로잡혀 온갖 것들을 상상하며 생각이 꼬리를 물고 일어나서 잠을 이루지 못하는 경우인데, 이때는 기도하는 것과 성경 읽는 것에 집중할 수 없게 되고 생각이 끊어지고 분산되면서 방황하게 되고 잠을 이룰 수 없게 된다.

필자도 15일 정도 불면증으로 밤을 지새운 적이 있다.

C. 무기력증

사람들에게 나타나는 무기력함, 회의감, 의욕저하 등의 일련의 증세를 말한다. 아무 것도 하기 싫고 무슨 일이나 불가능하게만 보이고 중단하고 싶어지는 무력감에 사로잡혀 자기포기 상태에 이르게 된다. 그러므로 생각을 관리하는 것은 쉽지 않지만 참으로 중요하다.

모든 행동은 생각으로부터 시작되기 때문이다. 성경을 통해 긍정적인 사고를 가지며 하나님에 대한 전능하심과 예수님의 능력을 신뢰하도록 하는 것이 중요하다

D. 극심한 분노

'분'은 헬라어로는 '오르게'인데 분은 우리의 혈압을 오르게 한다. 또한 한문으로 보더라도 분(忿)은 마음이 나누어져 있는 모양을 나타내고 있다. 분을 내면 마음이 안정감을 잃고 흐트러지는 것은 두말할 필요가 없다.

나누어지고 흐트러진 마음의 틈으로 온갖 부정적이고 어두운 생각들이 밀물처럼 파고든다. 마음의 틈으로 파고든 마귀는 분의 씨앗을 점점 키워 극도의 증오심과 살의(殺意)까지 품게 하고 급기야 행동으로 옮기도록 충동질하기도 한다. 그렇기 때문에 분노의 씨앗이 마음

에 떨어졌을 때 빠른 시간 내(해 지기 전)에 지혜롭게 잘 처리하지 않으면 파괴적인 결과를 낳을 수도 있다.

E. 불안감

마음이 조마조마하고 걱정이 되는 것은 누구나 겪는 일반적인 불안감의 증좌이다. 그러다가 과도한 불안 상태나 걱정이 지속되면 불안장애가 일어난다.

불안이 심해지면 숙면을 취하기 어렵고 쉽게 피곤하고 지치게 되며, 근육의 긴장이 이완되어 가슴이 조이는 듯 답답한 현상이나 위의 통증들이 종종 동반된다.

불안한 감정을 진정시키고 마음의 안정을 찾을 만한 사람을 찾아가는 것도 좋은 방법이다. 필자는 목사님들을 많이 찾아갔다. 그런데 도움을 전혀 주지 못하는 목회자도 있었다. 만나보면 도움이 되는지의 여부를 알게 된다. 담대함을 얻기 위한 방안들을 찾아보라(시편 23편을 깊이 묵상하는 것은 좋은 방법이다).

F. 두려움

사단이 가지고 있는 주된 공격무기 중 하나가 두려움이다. 겁을 먹게 하여 정상적인 일상생활을 못하고 무력감에 빠져들게 만든다. 지속되면 대인 공포증이나 폐쇄공포증, 광장공포증(백화점 같은 공공장소에 혼자 놓여 있게 되는 것을 두려워하는 것을 말한다) 등으로 발전하게 된다. 공황장애도 갑자기 죽을 것 같은 두려움이 찾아오는 현상이다.

구약에는 "두려워 말라"[히브리어 '*al-tîra*(알-티라)']라는 말이 117회나 나온다. 또한 하나님이 그분의 백성과 함께 하신다는 약속도 성경

전체에 흐르는 중요 주제다. 이삭이 가나안 땅에서 번성하자 그랄 사람들에 의해 우물을 빼앗기며 옮겨다닌다.

두려움에 사로잡힌 이삭에게 이전에 그의 아버지 아브라함에게 나타나 "두려워하지 말라"(창15:1) 하셨던 것처럼 그에게 다시 말씀하신다(창35:17). 신약시대의 우리 신자들에게도 하나님께서는 **"내가 결코 너희를 버리지 아니하고 너희를 떠나지 아니하리라"**고 말씀하시므로 우리는 "주는 나를 돕는 이시니 내가 무서워하지 아니하겠노라. 사람이 내게 어찌하리요"라고 담대히 말할 수 있는 것이다(히13:5-6). 하나님이 함께 하신다면 무엇도 두려워할 필요가 없지 않은가?

5. 우울증 치료방법

치료방법은 의외로 간단하다. 크게 보면 두통, 호흡곤란, 극심한 불안감, 죽음에 대한 공포 등을 겪게 되는데, 이런 증세들을 통제하려면 먼저 마음을 다스리는 것이 가장 중요하다

● 마음가짐이 중요하다

의학의 아버지라 불리는 히포크라테스는 "인간의 마음만큼 위대한 의사는 없다"고 말한다. 성경은 "**모든 지킬 만한 것 중에 더욱 네 마음을 지키라 생명의 근원이 이에서 남이니라**"(잠4:23)고 말씀한다.

그래서 그런지 사람들은 마음먹기에 달려 있다는 말들을 자주한다.

사람의 마음은 영적인 전쟁터와 같다. 인간의 정신이라는 멘탈리티는 마음속에 있는데 지(知), 정(情), 의(意)가 여기에 속해 있다.

마음은 생각, 인지, 기억, 감정, 의지 그리고 상상력의 복합체로 드러나는 지능과 의식의 단면을 가리킨다. 이것은 모든 뇌의 인지 과정을 포함한다.

요사이 뇌에 대한 연구가 활발히 진행되고 있다. 그런데 놀라운 것은 신비롭고 잠재력이 많은 뇌 스스로가 잠재력을 개발하고 생각과 의식을 결정하는 것이 아니라는 사실이다. 그러한 생각과 의식이 바로 마음에서 나온다는 것이다. 뇌를 지배하고 명령하는 것은 뇌가 아니라 우리의 마음이다(뇌는 생각을 만들 정보를 제공함).

마음에서 나오는 생각들이 뇌를 지배한다. 그리고 그 생각에 대응하는 느낌을 뇌가 만들어 몸에 다시 전달하며 그것을 행동에 옮기게 만든다고 한다.

마음은 사람의 인격적 활동의 중심이며, 인간의 품성과 인격의 핵심이다. 그래서 성경은 마음을 지키는 것이 삶을 영위하는 데 있어 최우선적인 과제임을 강조하고 있는 것이다.

마음 : 일부 학자들은 마음을 인정하지 않는 자들도 있다. 그러나 마음은 있다. 성경은 마음, 생각 이런 표현을 자주 쓰고 있다.

[시32:2] 마음에 간사가 없고 여호와께 정죄를 당치 않은 자는 복이 있도다

[시28:3] 악인과 행악하는 자와 함께 나를 끌지 마옵소서 저희는 그 이웃에게 화평을 말하나 그 마음에는 악독이 있나이다

[잠7:3] 이것을 네 손가락에 매며 이것을 네 마음 판에 새기라

[시37:31] 그 마음에는 하나님의 법이 있으니 그 걸음에 실족함이 없으리로다

[시51:1] 하나님의 구하시는 제사는 상한 심령이라 하나님이여 상하고 통회하는 마음을 주께서 멸시치 아니하시리이다

[시73:16] 내가 어찌면 이를 알까 하여 생각한즉 내게 심히 곤란하더니

[시77:5] 내가 옛날 곧 이전 해를 생각하였사오며
[시77:12] 또 주의 모든 일을 묵상하며 주의 행사를 깊이 생각하리이다

　마음은 사람의 중심기관이다. 사람의 마음은 모든 정보들이 들어오고 나가는 물류센타와 같은 곳이다. 선한 것도 들어가고, 악한 것도 들어가고 나온다. 또 마음에는 귀신도 들어간다. 귀신이 그 마음에 들어가 그 사람을 주장한다(요13:2).
　그렇지만 마음에는 예수님도 들어가신다. 예수님을 믿고 영접하면 예수님은 그 사람의 마음에 들어와 거하신다(엡3:17). 성령께서도 신자의 마음 속에 들어오시어 거하신다(갈4:6; 고후1:22).
　그 사람의 의지에 따라 마음에 욕심과 탐욕을 담을 수도 있고, 사랑과 나눔과 긍휼을 담을 수도 있다. 그 마음에 성경 말씀을 담을 수도 있고, 세상의 지식을 담을 수도 있다. 무엇이 담겨져 있는가에 따라 그 사람됨을 알 수 있고 사람이 달라질 수 있다.

　심리학자들의 연구에 따르면 인간의 마음은 노력하지 않으면 70~80%가 부정적인 생각을 하게 된다고 한다. 성경은 만물보다 거짓되고 심히 부패한 것은 마음이라(렘17:9)고 말한다. 그래서 타락한 인간들의 생각을 긍정적으로 바꾸기 위해 노력할 뿐만 아니라 마음을 다스리는 것이 중요하다.
　잠언 4:23절에 "무릇 지킬 만한 것보다 더욱 네 마음을 **지키라** 생명의 근원이 이에서 남이니라"
　'지킬 만한 것'의 원어는 '*mikol-mishemar*(미콜-미쉐마르)'인데, '지켜야 할 모든 것보다'를 뜻한다. 즉 다른 모든 것보다도 먼저 네 마음을 지키라고 말한다.

"**지키라**" 파수꾼처럼 정신을 바짝 차리고 능동적으로 지키라는 의미다. 마음은 노출되어 있기 때문이다. 인생의 다른 무엇보다도 지금 바로 당신의 마음을 초긴장하며 지켜야 한다. 그렇지 않으면 엉뚱한 생각에 마음을 빼앗기고 혼란과 공포에 빠져들 수 있다. 마음에 침투하는 것을 잘 파악하고 마음의 문을 굳게 닫아야 한다.

왜냐하면 마음 안에 생명을 담아 두기 때문이다. 죽고 사는 것이 마음먹기에 달려 있다. 그러므로 성경은 마음을 지키는 것이 얼마나 중요한지를 기록하고 있다.

[잠언 16:32] "노하기를 더디하는 자는 용사보다 낫고 자기의 마음을 다스리는 자는 성을 빼앗는 자보다 나으니라"

1) 우울증은 그리스도의 군사로 입문하는 과정임을 알라

윈스턴 처칠, 아브라함 링컨, 퀴리 부인, 찰스 다윈 그리고 나이팅게일 같은 역사적으로 위대한 일을 했던 인물들이 조울중이나 우울증을 갖고 있었다는 보고가 있다. 사실이라면 놀라운 일이다.

우울증 환자들은 대부분 이렇게 생각한다. '왜 하나님은 이들의 병을 고쳐주시지 않는가? 깨끗하게 고쳐주시면 얼마나 좋고 또 간단한가' 라는 질문이 있을 수 있다.

사도 바울은 육체의 병뿐만 아니라 정신과 영혼이 묶여 있던 사람들도 치유하고 자유케 했지만, 정작 바울 자신은 질병으로 고통당했다 (고후 12:7-9).

바울은 자신의 질병을 자기 육체의 가시, 곧 사탄의 사자라고 말했다. 얼마나 괴로웠으면 그런 고백을 했을까. 그리고 그는 주님께 병중에서 자유롭게 되기를 세 차례 기도했다고 한다. 히브리 사람들에게 세 번이란 최상급의 표현이다. 간절히 구했는데 주님은 고쳐주시지 않고 대신 "**내 은혜가 네게 족하다. 왜냐하면 능력이 약한 데서 온전해지기 때문**"이라고 말씀하셨다.

만약 바울이 자신의 병도 척척 낫게 했다면 사람들과 바울 자신조차 이러한 능력이 바울 자신의 능력이라고 생각했을지도 모른다. 그러나 바울은 약하고 상처 난 온전치 못한 그릇이었지만 주님께 선택된 깨끗한 그릇이었다. 하나님은 오히려 그 약한 바울을 통해 놀라운 능력을 드러내셨다.

삶의 가시는 하나님의 훈련방법이다. 더 나은 나를 만들기 위한 하나님의 배려고 관심이다.

시편 기자는 이렇게 기도한다.
시편 26:2절 "**여호와여 나를 살피시고 시험하사 내 뜻과 내 마음을 단련하소서**"
스가랴 13:9절에도 "**내가 그 삼분지 일을 불 가운데 던져 은같이 연단하며 금같이 시험할 것이라 그들이 내 이름을 부르니 내가 들을 것이며 나는 말하기를 이는 내 백성이라 할 것이요 그들은 말하기를 여호와는 내 하나님이시라 하리라**"
베드로전서 1:7절 "**너희 믿음의 시련이 불로 연단하여도 없어질 금보다 더 귀하여 예수 그리스도의 나타나실 때에 칭찬과 영광과 존귀를 얻게 하려 함이라**"

우울증은 마음이 앓는 병이다. 당신은 마음 강화 특별훈련을 받고 있는 것이다.

잠언 17:3을 보면 "도가니는 은을, 풀무는 금을 연단하거니와 여호와는 마음을 연단하시느니라"

민수기 1장을 보면 "이스라엘 중 20세 이상으로 싸움에 나갈 만한 모든 자…"라는 표현을 14번 반복한다. 하나님은 전쟁을 수행케 하기 위해 전사를 찾는 것이다.

하나님의 전사들은 강건하고 성숙한 사람이어야 한다. 이렇게 준비되어야 영적인 전투를 할 수 있다. 그리스도인들이 위로받기 원하고, 상처를 치료 받기만 원한다면, 복음전파는 누가하고 사단과의 영적 전쟁은 누가 하겠는가?

훈련소는 국토방위를 책임질 만한 군인을 양성하듯이 교회에도 하나님의 나라와 사단의 나라와의 영적 전쟁에 필요한 정병을 양성하여야 하는데, 하나님께서 직접 용사를 세우시는 것이다.

특수부대는 군인 중 일부만 특별히 선발하여 훈련시킨다. 일반 사병들이 하지 않는 혹독한 훈련과정을 수료해야 자격이 주어진다. 이와 같이 하나님은 수많은 사람 중에 당신을 선택해서 하나님의 위대한 사역을 위한 영적 전사로 조련하는 과정임을 알아야 한다.

김상복 목사의 『목회자의 리더십』에 이런 내용이 있다.

'다윗이 어느 날 골리앗을 한 칼에 죽여서 이스라엘 역사에 변화를 일으키고 일약 영웅으로 떠올랐습니다. 하지만 어느 날 갑자기 그가 영웅이 되었을까요? 이스라엘의 왕 가운데 가장 위대한 지도자가 하루아침에 일으킨 사건 때문에 된 것으로 생각하십니까? 그가 위대한 지도자가 된 데에는 다 이유가 있습니다. 바다 속의 빙산은 꼭대기의 작은 빙산만 보이지만 그 조그마한 빙산 아래에는 큰 덩어리가 있습니다. 그것 때문에 꼭대기의 빙산이 나와 있는 것입니다. 다윗은 젊었을 때 양떼를 돌보면서 배운 그 속에 뭔가가 있었기 때문에 골리앗을 죽이는 지도자가 될 수 있었던 것입니다. 다윗이 이스라엘의 위대한 왕이 될 수 있었던 것은 하나는 목동의 삶입니다. 충성스럽게 부모가 맡긴 일에 최선을 다했습니다. 또 하나는 광야의 생활입니다. 사울에게 쫓겨서 오랫동안 방황하면서 지낸 시절이 있었습니다. 이 두 시절을 통해서 다윗은 왕이 된 것입니다. 리더는 한 순간에 이루어지지 않습니다.'

성경의 인물들을 살펴보자.
- 모세의 광야 40년 훈련
- 요한의 밧모섬 훈련
- 요셉의 보디발의 집과 감옥에서 훈련
- 바울의 아라비아에서의 3년을
- 심지어 예수께서도 광야훈련을 받으시고 위대한 공생애를 시작하지 않으셨는가. 진정한 그리스도의 군사는 훈련 없이 만들어지지 않는다.

훈련이 너무 가혹해서 정말 하나님이 계시는가 할 정도로 의심케 하는 수많은 공격들이 하루에도 몇 번씩 찾아올 것이다. 그러나 우리가 잊지 말아야 할 것이 있다.
하나님에 대한 절대 믿음, 절대 신뢰는 이 훈련소에서 승리할 수 있는 최고의 비밀 병기라는 것을······.

● **이 훈련소에서 놓쳐서는 안 되는 것, 또 한 가지는 하나님의 절대 주권이다.**

로마서 9:12-16절 "리브가에게 이르시되 큰 자가 어린 자를 섬기리라 하셨나니 기록된 바 내가 야곱은 사랑하고 에서는 미워하였다 하심과 같으니라 그런즉 우리가 무슨 말을 하리요 하나님께 불의가 있느냐 그럴 수 없느니라 모세에게 이르시되 내가 긍휼히 여길 자를 긍휼히 여기고 불쌍히 여길 자를 불쌍히 여기리라 하셨으니 그런즉 원하는 자로 말미암음도 아니요 달음박질하는 자로 말미암음도 아니요 오직 긍휼히 여기시는 하나님으로 말미암음이니라"

이어서 18-21절 "그런즉 하나님께서 하고자 하시는 자를 긍휼히 여기시고 하고자 하시는 자를 완악하게하시느니라 혹 네가 내게 말하기를 그러면 하나님이 어찌하여 허물하시느냐 누가 그 뜻을 대적하느냐 하리니 이 사람아 네가 누구이기에 감히 하나님께 반문하느냐 지음을 받은 물건이 지은 자에게 어찌 나를 이같이 만들었느냐 말하겠느냐 토기장이가 진흙 한 덩어리로 하나는 귀히 쓸 그릇을, 하나는 천히 쓸 그릇을 만들 권한이 없느냐"

이것은 구약의 대표적인 두 선지자 이사야와 예레미야에 의해서 사용된 예화로서 하나님의 절대 주권에 대한 사상이 얼마나 중요한가를 대변해 주고 있다(사 29:16;렘 18:6).

인간의 구원은 오직 하나님의 주권적인 손길에 달려있음을 보여준다.

마태복음 10:29절 "참새 두 마리가 한 앗사리온에 팔리는 것이 아니냐 그러나 너희 아버지께서 허락지 아니하시면 그 하나라도 땅에 떨어지지 아니하리라"

모든 것은 하나님의 선하신 뜻 아래 이루어진다는 것이다.

우리의 고난과 시련도, 인생의 흥망성쇠도 하나님의 손길에 달려 있다.

◉ **또 우리가 알아야 할 것은 하나님께서는 감당치 못할 시험은 허락지 않으신다**(고전10:13)는 것이다.

이 절대 믿음을 붙들지 않으면 천 길 낭떠러지로 떨어지는 것과 같다. 이는 생명줄이고 승리의 밧줄이다.

욥의 시험을 생각해 보자. 욥에 대한 모든 시험은 하나님의 제안과 허락 하에 진행되었던 것임을 감안하라. 그렇다면 하나님께서 보고 계시고, 도우실 것이 분명하지 않은가?

이를 알고 있는 다윗은 시23편에 "**내가 사망의 음침한 골짜기로 다닐찌라도 주께서 나와 함께 계심이라**"고 고백하고 있다. "**네가 물 가운데로 지날 때에 내가 함께 할 것이라 강을 건널 때에 물이 너를 침몰치 못할 것이며 네가 불 가운데로 행할 때에 타지도 아니할 것이요 불꽃이 너를 사르지도 못하리니**"(사43:2)

사망의 음침한 골짜기에서도 하나님의 완벽한 보호가 있다는 사실을 잊지 말라! 하나님께서는 모든 것을 합력하여 선을 이루어가고 계시는 것이다.

◉ **정신 무장하라 / 강하고 담대 하라**(여호수아 1장을 통해 말씀하신다)

그리스도인은 착하기만 해서는 안 된다. 강해야 한다. 담대해야 한다. 나약한 그리스도인은 쓸모없다. 이스라엘은 군인 중에 겁쟁이들은 집으로 돌려보냈다. 다른 사람까지 전염시키기 때문이다(신20:8). 하나님께서는 마지막 시대를 살아가는 그리스도인들이 기드온의 300

용사 같이 준비되어지길 원하신다. 당신이 그 중의 한 명이다. 자부심을 가져라.

욥기 23:10은 이렇게 기록하고 있다. "그러나 내가 가는 길을 그가 아시나니 그가 나를 단련하신 후에는 내가 순금 같이 되어 나오리라"
금값이 날이 갈수록 치솟고 있다. 오랜 세월이 흘러도 변하지 않는 금의 가치는 금 원광으로부터 금을 추출하는 제련에 이르는 과정에 그 비밀이 있을 것이다. 납이라든가 여러 불순물이 붙어 있다면 금으로써의 가치를 인정받지 못한다.
우리에게 있어서도 어려워 보이는 시련과 시험에서 앞이 보이지 않는 듯, 왜 이런 일이 생기는지 이유를 되묻고 싶은 마음이 들 때가 있다. 그런 시련을 받은 대표적인 인물은 구약의 욥일 것이다.

욥은 어떻게 이길 수 있었을까? 욥기 23:10에서 그 비결을 엿볼 수 있는 것 같다.

God knows every step I take (GNT)
하나님께서는 나의 모든 걸음 걸음을 다 알고 계신다

But he knows where I am and what I've done (MSG)
내가 있는 곳과 내가 행한 일들도 다 하나님께서는 아신다

하나님께서 내가 겪고 있는 모든 일들을 알고 계신다는 것만 생각해도 마음에 큰 위로가 되지 않는가. 그리고 그 결과는 무엇인가?

When he has tested me, I will come out like gold. (NCV)
하나님의 시험을 통해 나는 금과 같이 나오게 될 것이다

He can cross-examine me all he wants, and I'll pass the test with honors. (MSG)

하나님께서 나를 여러 방면으로 시험해 보시며, 나는 영예스럽게 그 시험을 통과하게 될 것이라고 하고 있다.

요셉에게도, 욥에게도 또 오늘날을 사는 우리에게도 왜 이런 일이? 하는 사건들이 발생한다. 그러나 다른 사람들도 내가 모르는 고난의 터널을 걷기도 한다.

이 모든 것들을 하나님께서는 다 알고 계신다. 그분은 이를 통해 우리를 정금과 같이 순전하게 제련되어 귀하게 쓰일 나를 기대하신다.

로키 산맥의 해발 3천미터 높이에는 수목 한계선(timberline) 지대가 있다. 이 지대의 나무들은 매서운 바람 탓에 곧게 자라지 못하고 무릎 꿇은 모습을 하고 있다고 한다. 열악한 환경에 놓여 있는 이 나무들은 생존을 위해 무서운 인내력을 발휘해야 하는 것이다. 그런데 세계에서 가장 공명(共鳴)이 잘 되는 명품 바이올린은 바로 이 '무릎 꿇은 나무'로 만든다는 사실이다. 고난을 겪고 난 나무이기에 절묘한 선율을 내는 것이다. 당연한 것 아니겠는가.

2) 불신앙의 요소를 찾아라, 그리고 회개하라

치료심리학자 칼융은 '자신이 상담한 사람들은 대부분 35세 이상된 사람들이었고 한결같이 신앙을 잃어버린 상태였다고 말하면서 그들이 치료받기 위해서는 먼저 신앙을 회복해야만 하였다'고 말한다.

민수기 13:31-33을 보면 가나안 땅을 정탐한 열 명의 불신앙적인 보고가 나온다.

"그와 함께 올라갔던 사람들은 이르되 우리는 능히 올라가서 그 백성을 치지 못하리라 그들은 우리보다 강하니라 하고 이스라엘 자손 앞에서 그 정탐한 땅을 악평하여 이르되 우리가 두루 다니며 정탐한 땅은 그 거주민을 삼키는 땅이요 거기서 본 모든 백성은 신장이 장대한 자들이며 거기서 네피림 후손인 아낙 자손의 거인들을 보았나니 우리는 스스로 보기에도 메뚜기 같으니 그들이 보기에도 그와 같았을 것이니라"

"탐지한 땅을 악평하여" : '악평'은 히브리어로 '*dibbāh*(디바)'인데, '중상', '비방', '(나쁜) 소문'의 뜻을 지닌다.
하나님의 약속의 땅에 대해 나쁜 평가를 했을 뿐 아니라 자신들이 들어가 살 '기업'으로서는 부적합한 곳이라는 평가를 내렸다. 즉 그들은 근본적으로 하나님의 약속에 대해 불신하며 모욕한 것이다.

"그 거민을 삼키는 땅" : 이는 가나안 땅이 원래 생존 불가능한, 즉 박토(薄土)나 기후 조건이 나쁘다거나, 각종 질병이 만연하는 땅이라는 뜻이 아니라, 그 땅이 매우 비옥하고 군사적으로도 요충지이기 때문에, 그로 인해 열국들이 그곳을 서로 쟁취하기 위해 치열한 전쟁이 발발할 것이므로 수많은 희생자가 계속 발생될 곳이라는 뜻이다. 좋은 조건을 가지고도 불평할 요소를 찾아낸다. 불신앙은 아무리 좋은 천혜의 조건이 주어져도 감사하고 기뻐하지 못하고, 해악으로 여기고, 불평과 원망을 거듭하게 한다.

"장대한 자들" : 히브리어로 '*anŝêy middôt*(아느쉐 밋도트)'인데, '장신(長身)의 사람들', '두 사람 크기의 사람들', 곧 '키가 매우 큰 자'라는 뜻이다. 그리고 이는 단순히 몸집이 크다는 뜻만이 아니라, 이스라엘이 감히 대적할 수 없을 정도로 강한 족속들이라는 의미이다.

33절 "우리는 스스로 보기에도 메뚜기 같으니 그들이 보기에도 그와 같았을 것이니라" 당시 철기 문화의 발달로 칼과 창으로 무장하고 높은 성벽을 쌓고 사는 가나안 민족들을 볼 때, 출애굽시 가지고 나온 지팡이와 막대기를 들고, 텐트를 치고 거하는 자신들이 그들과 전쟁을 해서 이기기에 역부족이다고 판단하는 것은 현실적일 것이다. 그러나 그들이 말하는 메뚜기 콤플렉스는 그들 스스로 불신앙의 거울로 자신들을 보고 있기 때문이다.

지금 우리의 상황이 그와 같다. 가나안 사람들에 대한 공포(두려움의 공포)로 인해 스스로 메뚜기처럼 연약한 존재로 인식하고 있는 것이다.

그럼 가나안 사람들은 이스라엘 백성들을 어떻게 보고 있었는가?

여호수아 2:9-11 "말하되 여호와께서 이 땅을 너희에게 주신 줄을 내가 아노라 우리가 너희를 심히 두려워하고 이 땅 주민들이 다 너희 앞에서 간담이 녹나니 이는 너희가 애굽에서 나올 때에 여호와께서 너희 앞에서 홍해 물을 마르게 하신 일과 너희가 요단 저쪽에 있는 아모리 사람의 두 왕 시혼과 옥에게 행한 일 곧 그들을 전멸시킨 일을 우리가 들었음이니라 우리가 듣자 곧 마음이 녹았고 너희로 말미암아 사람이 정신을 잃었나니 너희의 하나님 여호와는 위로는 하늘에서도 아래로는 땅에서도 하나님이시니라"

본문에는 요단 서편에 살고 있는 가나안 거민들의 간담을 녹게 한 두 가지 큰 이유가 설명되어 있다.

첫째, 홍해 물을 마르게 한 사건(출14:15-22), 둘째, 요단 동편의 아모리 두 왕이 전멸당한 사건(민21:21-35)이 그것이다.

가나안 사람들은 "마음이 녹았고": 히브리어 동사 'māsas(마사스)'는 '어떤 큰 공포나 두려움과 관련하여 완전히 절망하는 것'을 뜻한다.

"정신을 잃었나니" 직역하면 '용기' 또는 '영'[히브리어 'rûaḥ(루아흐)']이 남아 있지 않으니로, 곧 '대항하거나 싸울 용기를 상실하는 것'을 뜻한다.

출애굽사건과 아모리 족속 정벌 사건 등을 통해, 이스라엘 백성과 이스라엘 하나님에 대해 두려움과 공포에 질려 있었다. 사단도, 그의 세력들도 하나님의 자녀들이 일어나 대적할 까 봐 두려워서 우리보다 더 공포에 떨고 있었다는 사실을 알아야 한다.

"**너희의 하나님 여호와는 위로는 하늘에서도 아래로는 땅에서도 하나님이시니라**"= "**상천하지에 하나님이시니라**" 문자적으로는 '위로는 하늘에 계시고, 아래로는 땅에 계신 하나님'으로, 신명기 4:39절에 나타나 있는 모세의 말을 연상케 한다.

"**그런즉 너는 오늘 위로 하늘에나 아래로 땅에 오직 여호와는 하나님이시요 다른 신이 없는 줄을 알아 명심하고**" 우리가 믿는 여호와 하나님은 하늘에서도 하나님이시고 땅에서도 하나님이시며, 홀로 하나님이시다.

출애굽시 도우셨던 하나님을 기억해보자. 지난 날 도우셨던 하나님을 회상하면서 현재의 위기 상황에서도 도우실 것을 확신해야 한다.

불신앙은 하나님을 하나님으로 인정하지 않는 큰 죄악이다. 우리가 우울증에 빠진 것은 어찌 보면 하나님을 믿지 못함과 하나님의 말씀대로 살지 않았기 때문이다.

신명기서에 보면 불순종하는 이스라엘 백성을 향해 "여호와께서 또 너를 미침과 눈멂과 경심증으로 치시리니…"(신28:28) '경심증'은 '정신병'으로 치신다는 것이다.

불안과 초조와 마음에 평화가 없는 우울증도 여기에 속한다.

우울증과 조울증 환자들이 치료되는 과정 중에 나타나는 현상은 예배 중에 눈물을 많이 흘린다는 것이다. 심지어 자기도 모르게 눈물이 난다고 말하면서 왜 내가 우는지 알지 못하겠다고 하는 경우도 있다. 그러나 대부분 회개의 눈물을 흘린다.

조울증을 앓던 한 형제는 예배만 드리면 계속해서 눈물을 흘렸다. 자기도 왜 그런지 모른다고 하였지만, 나중에는 회개의 눈물이었음을 알게 되었다고 말했다(조심해야 할 다른 경우도 있다. 우울증 환자가 예배를 드리면서 우는 경우 은혜를 받아서 우는 경우도 있지만, 영적인 치료를 받고있지 않으면서 우는 것은 대부분 자신의 연약함에 대한 한탄과 비관의 눈물이다).

세상에 있는 대부분의 이념과 종교는 평화를 갈구한다. 히브리개념을 살펴보면 '샬롬'이 마음에 임하면 평안이 인간관계에 임하는 화평이다. 사회와 국가에 임하면 평화가 된다. 그런데 사람의 마음에 임하는 평화는 인간이 하나님께 영광을 돌리는 본래 목적을 회복할 때 주어지는 하늘의 선물이다.

우리에게 평화가 없는 이유는 하나님과의 관계가 깨어졌기 때문이다. 하나님과의 관계를 복원하기 위해서는 회개가 먼저 선행되어야 한다.

3) 자신의 정체성을 바로 찾아라

정체성을 잃어버리면 혼란이 야기 된다. 그래서 그런지 바울은 서신서를 기록할 때마다 자신이 '예수 그리스도의 종'이라고 누누이 언급한다. 자신의 정체성을 확고히 밝히는 것은 자신의 흔들림 없는 목적의식을 고취시키려는 데 있다.

베드로전서 2:9절을 보면 우리의 신분과 목적을 확인시키고 있다. "그러나 너희는 택하신 족속이요 왕 같은 제사장들이요 거룩한 나라요 그의 소유가 된 백성이니 이는 너희를 어두운 데서 불러내어 그의 기이한 빛에 들어가게 하신 이의 아름다운 덕을 선포하게 하려 하심이라"

베드로는 믿는 자들의 신분적인 특권에 대해 네 가지로 언급한다.

첫째, "택하신 족속이요" : 이사야 43:20절의 인용으로 그리스도의 구속의 피로 말미암는 그리스도인의 영적 신분을 시사한다('족속'은 헬라어로 'genos(게노스)'인데, '혈통' 혹은 '후손'을 가리킨다). 유대인들은 아브라함의 육적인 혈통의 후손으로 하나님의 택하신 족속이 되었다고 자랑하나 진정한 택함을 받은 족속은 혈통이나 민족의 차별 없이 그리스도 안에서 그와의 연합을 통해 영적으로 새롭게 태어난 그리스도인들이다. 따라서 우리가 그리스도의 피로 맺은 '영적 이스라엘'이다(신7:6-7; 사 44:1-2).

둘째, "왕 같은 제사장들이요" : 이는 출애굽기 19:6의 인용으로 해석된다. '왕인 동시에 제사장'을 의미한다고 주장한다(롬5:17). 그리스도인은 왕이신 그리스도와의 연합을 통해 그리스도와 함께 보좌에서 만국통치하며, 동시에 제사장으로서 하나님을 섬기며 예배하는 자이다.

셋째, "**거룩한 나라요**": 출애굽기 19:6 "**너희가 내게 대하여 제사장 나라가 되며 거룩한 백성이 되리라 너는** 이 말을 이스라엘 자손에게 전할지니라" 이것은 그리스도인의 현재 직책이 이스라엘 민족을 대신하고 있음을 나타낸다. '거룩한' 은 구별되어 하나님께 드린 것을 나타내는 말로 그리스도인들이 하나님께서 쓰시고자 선별하신 존재들임을 시사한다.

넷째, "**그의 소유된 백성이니**": 출애굽기 19:5, 이사야 43:21, 말라기 3:17의 인용이다. '소유된' - 헬라어로 '*peripoiēsin*(에이스 페리포이에신)' - 특별한 대가를 지불하고 획득된 것을 나타낸다(행20:28; 엡1:7, 살전5:10). 그리스도인은 하나님께서 자신의 독생자이신 그리스도의 희생으로 사셔서 그의 자녀로 삼으신 언약의 백성이다.

그리고 또 한 가지는, 나는 하나님의 자녀다.
요한복음 1:12-13 "**영접하는 자 곧 그 이름을 믿는 자들에게는 하나님의 자녀가 되는 권세를 주셨으니** 이는 혈통으로나 육정으로나 사람의 뜻으로 나지 아니하고 오직 하나님께로부터 난 자들이니라"
"**그 이름을 믿는다**": 예수 그리스도의 역사적 생애와 그의 구원의 능력 그리고 그의 영원성, 인격성, 신성을 믿는다. 그리고 그리스도를 자신의 구주로 영접한다면 '어두움의 자녀' 에서 '하나님의 자녀' 로의 놀라운 변화가 있음을 명시한다.

"**되는**": 헬라어로 '*genesthai*(게네스다이)' 인데, '기노마이' 의 부정과거중간태로서 '과거에는 존재하지 않던 것이 생겨나서 영원히 계속된다' 는 뜻이다. 따라서 하나님의 자녀가 된다는 것은 역사적 시점에서의 신분의 변화가 초역사적 지평에까지 열려져 있음을 의미한다.

또한 "**자녀**": 헬라어 '테크논'은 출생과 직결되는 용어이다. 이는 죄악 세상에서 구원 받을 성도가 본질적으로 하나님의 자녀가 되었다는 의미를 나타낸다.

※ 하나님의 자녀라면 징계 받는 것이 당연하다.

히브리서 12:5-7 "또 아들들에게 권하는 것같이 **너희**에게 권면하신 말씀을 잊었도다 일렀으되 내 아들아 주의 징계하심을 경히 여기지 말며 그에게 꾸지람을 받을 때에 낙심하지 말라 주께서 그 사랑하시는 자를 징계하시고 그의 받으시는 아들마다 채찍질하심이니라 하였으니 **너희**가 참음은 징계를 받기 위함이라 하나님이 아들과 같이 **너희**를 대우하시나니 어찌 아비가 징계하지 않는 아들이 있으리요"

하나님께서는 자신과 더 밀접한 관계를 형성하시기 위해서 그리스도인들을 개인적으로 혹은 집단적으로 고난을 통해서 훈련시키심을 시사한다.

"**징계하심**": 헬라어 '파이데이아스'는 '꾸짖음', '교정', '징벌'과 같은 수단을 통해서 교훈하시며 교육하시는 것을 의미한다(신8:5).

브루스(F. F. Bruce)는 이렇게 말한다. "하나님은 자식이 잘 되기를 바라는 부모와 같이 자기 백성을 지극히 사랑하셔서 고난을 통해서 자신의 뜻에 순종하도록 함으로서 목표에 도달하도록 훈련시키신다. 하나님의 징계와 책망은 하나님과 그리스도인의 사이가 부모와 자식 간의 관계임을 나타내어 '아들 됨'을 강조하는 것이며 동시에 자식에 대한 하나님의 책임과 사랑을 시사한다"

아버지를 신뢰하고 이해하는 자녀는 아버지가 매를 드실 때 아버지의 눈에서 사랑을 발견한다.

4) 절대 믿음이다

마가복음 5:35-36절에 "아직 예수께서 말씀하실 때에 회당장의 집에서 사람들이 와서 회당장에게 이르되 당신의 딸이 죽었나이다 어찌하여 선생을 더 괴롭게 하나이까 예수께서 그 하는 말을 곁에서 들으시고 회당장에게 이르시되 두려워하지 말고 믿기만 하라 하시고"

회당장 야이로가 예수님을 찾아온 이유는 자기 딸을 고칠 수 있다는 믿음이 있었기 때문이었다. 그런데 그 딸이 죽었다는 소리를 들었을 때, 그의 믿음은 썰물처럼 빠져나갔다. 그랬더니 기다렸다는 듯이 그의 마음에 두려움이 밀물처럼 밀려들어온 것이다. 이를 알고 주님은 두려워 말고 믿기만 하라고 말씀하신 것이다. 믿음을 빼앗기면 우리의 마음은 두려움의 영에 장악되고 만다. 그래서 우울증 환자에게 있어서 믿음이 있느냐 없느냐는 죽느냐 사느냐(우울증에서 빠져나오느냐, 머무느냐)를 결정짓는 시금석처럼 중요하다.

요한일서 5:4절에 보면 "무릇 하나님께로부터 난 자마다 세상을 이기느니라 세상을 이기는 승리는 이것이니 우리의 믿음이니라"

우리는 영적 전쟁의 한 복판에 서 있는 것이다. 우리의 싸움은 공중권세 잡은 자들과 어둠의 영들과의 싸움이다. 그 싸움에서 어떻게 이길 수 있는가? 우리에게는 그 힘이 없다. 그러나 전쟁에 능하신 분의 편에 속해 있으므로 승리를 누릴 수 있다. 그편에 속하는 방법이 바로 믿음이다.

믿음은 우리를 그분에게로 연합시킨다. 믿음으로 하나님과 하나가 될 때, 하나님의 승리는 곧 우리의 승리가 된다. 누가 공중권세 잡은 악한 영의 세력과 싸울 수 있는가? 바로 믿음의 사람이다.

하나님의 전능하심을 믿으라. 마귀를 없이 하시는 예수님의 권능을 신뢰하라. 그분의 말씀을 신뢰하라. 마가복음 16:17절에 이렇게 기록되어 있다. "믿는 자들에게는 이런 표적이 따르리니 곧 그들이 내 이름으로 귀신을 쫓아내며 새 방언을 말하며 뱀을 집어 올리며 무슨 독을 마실지라도 해를 받지 아니하며 병든 사람에게 손을 얹은즉 나으리라 하시더니" "믿는 자에게"라고 국한시키고 있다.

이 믿음을 키워나가는 만큼 회복기간이 빨라진다. 문제는 믿음을 어떻게 키워 나가야 하는 것인가. 믿음을 키워나가는 방법을 성경은 말씀하고 있다. "그러므로 믿음은 들음에서 나며 들음은 그리스도의 말씀으로 말미암았느니라"(롬10:17)

하나님의 말씀을 자주 듣고 접하는 것이다.

그런데 이 시기는 성경을 골라서 먹어야 한다. 상황에 적합한 말씀을 찾아 먹는 편식을 권하고 싶다(하나님의 함께 하심과 보호, 예수 그리스도의 능력과 권세, 성령의 도우심 등등).

그리스도께서 나와 함께하신다. 나를 도와주신다는 확신이 생긴다면 당신은 그리스도의 이름과 능력을 통하여 어둠의 세력들을 넉넉히 이길 수 있다. 이는 귀신을 축출할 자격요건이 믿음이라고 말씀하고 있기 때문이다.

A. 하나님의 보호하심을 믿으라

믿음이 약해지면 사단은 틈을 타서 하나님을 신뢰할 수 없다고 속삭인다. 하나님에 대한 믿음이 사라지면 두려움과 불안감에 휩싸이게 된다.

출애굽기 19:4절은 이렇게 말씀하고 있다. "**나의 애굽 사람에게 어떻게 행하였음과 내가 어떻게 독수리 날개로 너희를 업어 내게로 인도하였음을 너희가 보았느니라**"

다음은 어느 무명시인의 '모래위의 발자욱' 이라는 글이다.

어느 날 밤에 한 사람이 꿈을 꾸었습니다. 그는 꿈속에서 예수님과 함께 해변을 따라서 걷고 있었습니다. 그때 하늘을 스크린 삼아 그의 지나온 삶의 순간들이 영화처럼 펼쳐졌습니다.

모래 위에는 두 사람의 발자국이 있었습니다. 그 중에 하나는 그의 것이었고 다른 하나는 주님의 발자국이었습니다.

그는 모래 위에 길게 펼쳐진 발자국을 보다가 어느 순간부터 오직 한 사람의 발자국만 있는 것을 보았습니다. 그는 그때가 그의 삶에서 가장 절망적이고 가장 슬펐던 순간이었음을 알았습니다. 그는 항의하듯이 주님께 물어보았습니다.

"주님, 제가 주님을 따르면 항상 저와 함께 하시겠다고 말씀하시지 않았습니까? 주님은 저와 동행하셨습니다. 그러나 제 삶의 가장 어려웠던 순간에는 한 사람의 발자국밖에 없는데 이것이 어찌된 일입니까? 제가 주님을 가장 필요로 할 때 왜? 주님께서는 저를 떠나셨는지 이해할 수 없습니다."

주님께서는 이렇게 대답하셨습니다.

"나의 소중한 정말 소중한 아이야, 나는 결코 너를 떠난 적이 없었단다. 네가 고통과 환난을 당하는 시간에 모래 위에서 한 사람의 발자국만이 있는 것은 내가 너를 업고 갔기 때문이란다."

혹시 지금 가장 절망적인 순간을 보내고 있습니까? 그렇다면 주님의 등을 느껴 보십시오. 주님의 등에 얼굴을 기대십시오. 주님은 당신이 용기와 새 힘을 얻을 때까지 업고 가실 것입니다.

시편 139편 깊이 묵상하자.
1. 여호와여 주께서 나를 감찰하시고 아셨나이다
2. 주께서 나의 앉고 일어섬을 아시며 멀리서도 나의 생각을 통촉하시오며
3. 나의 길과 눕는 것을 감찰하시며 나의 모든 행위를 익히 아시오니
4. 여호와여 내 혀의 말을 알지 못하시는 것이 하나도 없으시니이다
5. 주께서 나의 전후를 두르시며 내게 안수하셨나이다
6. 이 지식이 내게 너무 기이하니 높아서 내가 능히 미치지 못하나이다
7. 내가 주의 신을 떠나 어디로 가며 주의 앞에서 어디로 피하리이까
8. 내가 하늘에 올라갈지라도 거기 계시며 음부에 내 자리를 펼지라도 거기 계시니이다
9. 내가 새벽 날개를 치며 바다 끝에 가서 거할지라도
10. 곧 거기서도 주의 손이 나를 인도하시며 주의 오른손이 나를 붙드시리이다

※ 다음은 이성훈 목사의 시편 주해내용이다.

1, 3절 "주께서 나를 감찰하시고" 정탐을 하거나 탄광에서 채광 작업을 하기 위해서 무언가를 찾아내려고 집중해서 자세하게 살피듯이

우리의 삶의 행동과 삶의 양식뿐만 아니라 내면세계까지도 세밀하게 살펴보시고 계신다는 말이다.

5절 "**주께서 나의 전후를 두르시며 내게 안수하셨나이다**"
적군을 포위하여 꼼짝하지 못하도록 강하게 압박하거나 혹은 공격한다는 의미이다. 하나님께서는 우리와 아주 밀접한 관계에 계시며 모든 것을 하나도 빠뜨리지 않고 다 알고 계시며 지키신다는 의미이다.

6절 "**너무 기이하니**" 경이롭다, 불가사의하다라는 의미. 사람의 이해를 뛰어 넘는 놀라운 것이라는 의미. 하나님의 전지하심을 사람이 다 알거나 이해할 수 없다. 인간의 생각으로 하나님을 규정하려는 교만한 접근을 정죄하고 겸손한 자세를 가져야 한다.

8절에서 자신이 땅이 아니라 하늘, 바다, 심지어 음부라도 하나님의 현존을 경험할 것이라고 말한다.

9절 "**내가 새벽 날개 치며**" 태양 광선이 순식간에 뻗어가서 바다 끝에 닿는 모습을 염두에 두고 하는 말이다. 이는 빛의 속도로 날아간다고 할지라도 하나님의 임재와 현존을 피할 수 없음을 나타내는 말이다.

10절 "**주의 손이…**" 하나님이 함께 하심이 명목상 함께 하심이 아니라 마치 손으로 붙드시는 것처럼 하나님의 권능과 지배와 보호와 축복이 함께 함을 말한다.

자전거를 배울 때 아빠가 뒤에서 잡아주면서 앞으로 가라고 할 때,

불안해하며 뒤를 보다 넘어지는 경우가 많다. 아빠가 잡아주신다는 확신이 있으면 두려워하지 않는다. 믿음의 줄을 놓치면 영적 전쟁은 처음부터 다시 해야 한다.

무슨 일이 일어나도, 넘지 못할 것 같은 산을 만나더라도 능히 도우시는 주님을 신뢰할 수만 있다면 절대 이 싸움에서 패하지 않으며 능히 이길 수 있다.

시편 121편을 묵상하라.
1 내가 산을 향하여 눈을 들리라 나의 도움이 어디서 올까
2 나의 도움은 천지를 지으신 여호와에게서로다
3 여호와께서 너를 실족하지 아니하게 하시며 너를 지키시는 이가 졸지 아니하시리로다
4 이스라엘을 지키시는 이는 졸지도 아니하시고 주무시지도 아니하시리로다
5 여호와는 너를 지키시는 이시라 여호와께서 네 오른쪽에서 네 그늘이 되시나니
6 낮의 해가 너를 상하게 하지 아니하며 밤의 달도 너를 해치지 아니하리로다
7 여호와께서 너를 지켜 모든 환난을 면하게 하시며 또 네 영혼을 지키시리로다
8 여호와께서 너의 출입을 지금부터 영원까지 지키시리로다

시편 23편을 깊이 묵상하며 그 현장으로 들어가 보라.
1 여호와는 나의 목자시니 내게 부족함이 없으리로다
2 그가 나를 푸른 풀밭에 누이시며 쉴 만한 물가로 인도하시는도다

3 내 영혼을 소생시키시고 자기 이름을 위하여 의의 길로 인도하시는도다
4 내가 사망의 음침한 골짜기로 다닐지라도 해를 두려워하지 않을 것은 주께서 나와 함께 하심이라 주의 지팡이와 막대기가 나를 안위하시나이다
5 주께서 내 원수의 목전에서 내게 상을 차려 주시고 기름을 내 머리에 부으셨으니 내 잔이 넘치나이다
6 내 평생에 선하심과 인자하심이 반드시 나를 따르리니 내가 여호와의 집에 영원히 살리로다

요한일서 5:18을 묵상하라. "하나님께로부터 난 자는 다 범죄하지 아니하는 줄을 우리가 아노라 하나님께로부터 나신 자가 그를 지키시매 악한 자가 그를 만지지도 못하느니라" 확인시켜 주고 있다.

마태복음 28:20을 묵상하라. "내가 너희에게 분부한 모든 것을 가르쳐 지키게 하라 볼지어다 내가 세상 끝날까지 너희와 항상 함께 있으리라 하시니라"

"있으리라" : 헬라어 '에이미'는 동사 현재형을 쓰고 있다. 〈만약에 헬라어 '헤맨'을 쓰였다면, 과거형이다. 헬라어 '헤소마이'를 쓰였다면 미래가 된다.〉 "주님은 지금 현재 나와 함께 하신다"

하나님의 말씀을 묵상하고 읽다 보면, 이것은 여호수아에게 하신 말씀인데, 이것은 복음 전하는 사람에게 하신 말씀인데, 나에게 하시는 말씀이 아닌데 하는 의구심을 갖게 만들 것이다.

디모데후서 3:16절에 이렇게 말씀하고 있다. "모든 성경은 하나님의

감동으로 된 것으로 바르게 함과 의로 교육하기에 유익하니라"

　기독교 역사에 족적을 남긴 위대한 인물들은 성경 말씀을 읽을 때 자신에게 주는 말씀으로 받았다. 그리고 위대한 일을 실현했다.
- 김창인 목사, 시편 18:1 "나의 힘이신 여호와여 내가 주를 사랑하나이다"
- 조용기 목사, 요한삼서 1:2 "사랑하는 자여 네 영혼이 잘됨같이 네가 범사에 잘되고 강건하기를 내가 간구하노라"
- 한경직 목사, 시편 116:2 "그의 귀를 내게 기울이셨으므로 내가 평생에 기도하리로다"
- 빌리 그래함, 빌립보서 1:6 "**너희** 안에서 착한 일을 시작하신 이가 그리스도 예수의 날까지 이루실 줄을 우리는 확신하노라"
- 리빙스턴, 사도행전 16:31 "이르되 주 예수를 믿으라 그리하면 너와 네 집이 구원을 받으리라"
- 종교 개혁자 마르틴 루터, 로마서 1:17 "복음에는 하나님의 의가 나타나서 믿음으로 믿음에 이르게 하나니 기록된 바 오직 의인은 믿음으로 말미암아 살리라 함과 같으니라"
- 성 어거스틴, 로마서 13:11 "또한 **너희**가 이 시기를 알거니와 자다가 깰 때가 벌써 되었으니 이는 이제 우리의 구원이 처음 믿을 때보다 가까웠음이니라"

　성경 말씀을 대면하면서 하나님을 대면하라. 그리고 하나님의 음성을 들으라!

B. 하나님의 능력을 믿음으로 활용하라
　우울증 싸움의 문제는 믿음이 있느냐, 없느냐에 승패가 달려 있다고 해도 과언이 아니다. 신자들은 하나님의 완벽한 보호 속에서 이 끔찍한 싸움을 하고 있는 것이다. 지금까지 싸우면서 여기까지 오지 않았나! 어둠의 영들은 "이렇게 살아서 뭐해! 차라리 죽어라! 등등" 온갖 속삭임으로 이런 저런 수많은 생각이 떠오르게 했지만, 한편에서는 가만히 보고 계시는 전쟁에 능하신 하나님을 느낄 수 있을 것이다. 그 하나님께 시선을 맞추라. 그러면 담대함이 솟아오를 것이다.

조셉 머피 박사는 그의 저서 『무의식의 힘』에서 이렇게 말하고 있다.
"나의 몸과 그 모든 기관은 저 높으신 분이 창조하셨다. 그 분은 나를 치유하실 수 있다. 그분의 지혜가 나의 모든 기관과 신체조직과 근육과 뼈들을 형성하였다. 치유하시는 분의 현존은 지금 내 안에서 내 몸의 모든 원자를 변화시켜 나를 온전하고 완전하게 만들고 있다. 지금 일어나고 있는 치유에 대해 감사드린다. 나보다 크신 분, 내 안에 계신 그분이 하시는 일은 얼마나 놀라운가? 하나님이 나를 위해 일 하심을 믿는 믿음은 승리의 비책이다"

성경은 이렇게 말한다.
마태복음 15:28 "이에 예수께서 대답하여 가라사대 여자야 네 믿음이 크도다 네 소원대로 되리라 하시니 그 시로부터 그의 딸이 나으니라"
누가복음 10:19 "내가 너희에게 뱀과 전갈을 밟으며 원수의 모든 능력을 제어할 권세를 주었으니 너희를 해할 자가 결단코 없으리라"고 말씀하신다. 주저앉아 움추리고 있을 때가 아니다. 이제 믿음으로 일어나야 한다.

5) 성령의 임재를 구하라

사단의 공격이 너무 강하게 다가오면 요동하게 되는데, 스스로 싸우려 하지 말고 성령의 임재를 구하는 것이다. 찬양을 하든지 기억하는 한 구절을 깊이 묵상하면서 성령님의 임재를 구하는 것이다.

『세상을 가슴 뛰게 할 교회』라는 책에 이런 이야기가 있습니다.

주일이면 고등학교 강당을 빌려서 예배를 드리는 자신의 교회를 소개하고 있습니다. 한번은 학교에서 주일에 강당을 빌려 줄 수 없다는 연락을 받고 당장에 다른 예배 장소를 구하기가 쉽지 않아 공원에서 예배를 드리기로 하였습니다. 그런데 기상대에서 주일에는 비가 온다는 발표에 고데이 목사는 "하나님 내일은 우리가 공원에서 예배를 드리는데 하늘의 수도 꼭지을 잠가 주세요"라고 기도하였다. 주일 날 아침에 눈을 뜨자마자 하늘을 보는데 비가 내리고 있었다. 순간 큰일났다는 생각에 "하나님 오늘은 우리가 공원에서 예배를 드리는데 비가 오면 어떻게 합니까?"라고, 기도 하는데 마음 속에 하나님이 이렇게 말씀하셨다. "너는 나의 임재보다도 비에만 신경을 쓰는구나" 고데이 목사는 회개기도를 드렸다고 한다.

오대원 목사는 이렇게 말한다. "비행기가 인천국제공황으로 천천히 하강하기 시작하면서 극도의 피로가 느껴졌다. 보스톤을 떠나 북극을 넘어 한국으로 오는 20시간이 넘는 긴 여행이었다. 다음 주에는 하루에 8시간씩 학생들을 가르치고 사람들을 만나야 했다. 그 모든 스케줄을 감당할 힘을 어디서 얻을지 막막하기만 했다. 게다가 일정은 바로 다음 날 아침부터 시작해야 했다. 그런데 다음 날 아침 놀랍게도 피곤함과 무력감은 사라지고 도리어 상쾌했다. 새 힘이 생긴 것이다. 이것은 전적으로 말씀을 깊이 묵상한 결과였다.

고린도후서 1:20 "**하나님의 약속은 얼마든지 그리스도 안에서 예가 되니** 그런즉 그로 말미암아 우리가 아멘하여 **하나님께 영광을 돌리게 되느니라**"

주님은 많은 약속을 주셨다. 그분을 기다리는 자는 새 힘을 얻을 것이며 그분의 임재 안에서 정신적, 영적, 신체적으로 충만한 기쁨을 누리게 된다는 약속을 주셨다.

나는 이 모든 약속이 예수 그리스도 안에서 완전히 이루어졌음을 감사드렸고 주의 얼굴을 뵙고 온 종일 주와 함께 동행하는 것이 소원이라고 말씀을 드렸다. 묵상하는 동안 그분이 내게 임하셔서 나의 영혼뿐만 아니라 내 몸을 위해서도 새로운 안식으로 나를 이끄시는 것을 감지할 수 있었다"고 말한다.

A. 성령을 갈망하라

우리가 찬양 집회나 예배를 드릴 때 성령의 임재를 경험한 사람들이 많을 것이다. 성령의 임재를 경험한 사람들은 영적 감각을 가지고 있기에 성령의 만지심과 임재를 쉽게 감지할 수 있다. 만약 지금 당신에게 건강문제, 재정문제, 직장문제, 자녀문제 등 여러 문제로 곤란을 겪고 있다면 성령의 임재를 간절히 갈망하고 소망하라. 하나님은 성령의 임재를 구하는 자들에게 주신다(눅11:13절).

시편 기자는 반복해서 우울증으로부터의 해방의 비결을 선언하고 있다. 기자는 스스로 자신을 이렇게 격려하고 있다. "**너는 하나님을 바라라 나는 나를 도우시는** 그의 얼굴을 인하여 하나님을 오히려 찬송하리로다"(시42:2) 여기서 하나님의 "얼굴"이란 '하나님의 임재를 누리는 증거의 표시'를 말한다.

예수께서는 제자들과 마지막 밤을 보내시면서 우울과 실의에 빠진 제자들에게 이렇게 말씀하신다. "**내가** 아버지께 구하여 **너희** 옆에 있어 줄 다른 이를 보내 달라고 하겠다. 그가 **너희와** 항상 같이 있으리라"(요14:16-18)

두려움과 불안에 떨고 있는 아이가 엄마의 품에 안기면 마음에 평화를 갖듯이 주께서 보내시겠다는 보혜사(위로자, 돕는자) 성령의 임재 속에 들어가는 것이다.

당신이 느끼는 감정과 상관없이 성령께서 당신과 함께 계신다는 말씀을 확신해야 한다.

B. 성령의 임재 연습

다음은 『거룩한 독서』에서 발췌한 내용이다.

1) 은혜 받은 찬송을 들으면서 깊이 묵상하라 - 반복해서 듣기
- 주위환경에 위해요소를 제거하고 성령의 흐름에 민감하게 반응하면서 찬송 속으로 깊이 들어가라.

2) 성령의 숨결이 당신 안에서 호흡함을 의식하라
- 편안한 자세로 앉아서 긴장을 풀고 각 신체 부위 머리에서 발끝까지 순차적으로 이완되어가는 것을 의식하라.
- 몸을 싸고 있는 옷이 살갗에 닿는 촉감을 느끼라.
- 주위의 소음이나 잡념 등, 산만함에 신경 쓰지 말고 흘려보내라(당신이 느끼는 감정은 파도처럼 **빠져나감을** 상상하라).
- 호흡법이다(숨소리에 귀 기울여라 공기가 코속으로 들어가 폐 안으로 들

어가고 밖으로 빠져나가는 것을 느껴라). "예수께서도 숨을 내쉬며 성령을 받으라!" "하나님께서 코에 생기를 불어 넣으셨다"고 말씀하셨다(요20:22; 창2:7).
- 이제 성령의 숨결이 내 호흡 안에서 숨 쉬는 것을 의식하라. 성령 하나님이 내 안에서 숨 쉰다. (들이마시면서) 성령 하나님이(내쉬면서) 내 안에서 숨 쉰다. 내게 힘을 주신다. 나는 (들이 마시면서) 하나님의 숨결이다. (내쉬면서)
- 성령의 터치가 이루어지면서 자유롭게 대화하는 것이다.
- 편한 자세로 누워서도 가능하다. 내 의지와 힘을 빼는 것이 중요하다. 내가 가지고 있는 가치관과 고정관념이 성령의 임재를 거부하게 되는데, 내 의지를 내려놓아야 한다. 그렇지 않으면 어렵다.

삶의 모든 부분과 영역에서 성령의 인도를 받으려면 의식적으로 자신을 내어 들이고 내 안에 계신 성령에 반응하고자 노력해야 한다.

6) 영적인 눈을 뜨라

고린도전서 9:26 "그러므로 나는 달음질하기를 향방 없는 것 같이 아니하고 싸우기를 허공을 치는 것 같이 아니하며"

"향방 없는 것같이 아니하고" - '향방 없는' : 헬라어로 'adēlōs(아델로스)'인데, '목표 없는', '불분명한'의 뜻을 갖는다. 달리기 선수들이 목표와 방향을 분명히 정하고 경기에 임하는 것을 비유한다.

"허공을 치는 것 같이 아니하여" - '허공을 치는' : 원문은 'aera derōn(아에라 데론)'인데, 권투선수가 실제 시합을 위한 연습을 위해 허공을 향해 주먹질하는 행위 또는 훈련이 부족한 선수가 상대 선수를 정확하게 가격하지 못하고 헛주먹질하는 행위를 묘사하는 표현이다.

바울은 자신의 영적인 싸움이 상대방이 없는 공허한 것이 아니라 분명한 대적이 있는 싸움이라는 사실을 염두에 두어야 한다고 설파한다. 영적으로 눈을 뜨게 된다면, 어떤 종류의 영적세력이 공격해 오는지 정확히 알게 되어 효과적인 전투를 치를 수 있기 때문이다. 그리고 하나님의 시각에서 사물과 증상들을 보는 세계관이 열리게 되기 때문이다. 하나님의 시각으로 일어나는 현상을 바라보게 되면, 불안해하거나 두려워하지 않는다.

역대하 6장을 보면 알 수 있다.
엘리사는 하나님의 군대를 보지만, 게하시는 영안이 닫혀 하나님의 군대를 보지 못하고 아람 군대를 본다. 게하시의 눈이 열리자 하늘의 군대를 보듯이, 우리의 눈을 열어 주님을 보고 적을 보게 하여 달라고 기도해야 한다.
우울증을 겪는 사람들은 대부분 영적인 전쟁을 하고 있기에 주님은 간구하는 자들의 영적인 눈을 쉽게 열어주실 것이다.
이 시기를 놓치지 말라. 언제나 이런 기회가 오는 것이 아니다.
성령의 은사는 준비된 사람에게 주어진다. 필자가 경험한 바로는 우울증을 앓고 있는 대부분 사람들이 쉽게 성령의 은사를 체험하는 것을 보았다. 특히 여러 사람들이 자신을 공격하는 사단의 세력들을 보게 되는 환상이 열리는 것을 경험했다.

다음은 필자가 기도하던 중에 본 환상이다.
산 중턱에 넓은 길이 있어 사람이 자유롭게 다니고 있었다. 나는 그 길로 가려는데 그 길로 가지 말고 나와 같이 가자고 하시는 것이 아닌가? 주님은 앞서 가시면서 숲을 헤치며 길을 만드셨고, 나는 그 뒤를 따라 갔다. 고난의 길이라 여겼는데, 가다 보니 별로 힘들지 않다는 생각이 들었다. 그리고 그 산에서 내려오자 다시 두 갈래의 길이 앞에 놓여 있었다. 그래서 나는 넓은 길을 원했으나 주님은 그 길을 원치 않으시면서 또, 나를 따라오라고 하셨다. 나는 다시 주님의 뒤를 따라가자 이번에는 철조망 울타리가 있어 옷이 찢기고 다치겠다는 생각을 하면서 따르는데, 나에게 아무런 영향을 미치지 않는 것이 아닌가? 나는 의아해서 그 철조망 울타리를 자세히 살펴보니, 철가시가 앞쪽을 향하도록 일일이 구부리면서 앞서 가시는 주님을 환상으로 본 기억이 새롭다. 도저히 감당하기 어려울 것 같아도 함께 하시는 주님이 계시기에 우리는 해낼 수 있다.

성령의 은사는 갈망하는 모든 자들에게 구하면 주시기로 약속 되어 있다(눅11장13절). 혹자는 예수를 주로 고백하는 자는 성령을 받았는데(고전12:3), 왜 또 다시 성령을 구하냐고 말하기도 하는데 이는 오해하고 있는 것이다.

예수님은 성육신하실 때 성령께서 함께하셨다. 성령으로 잉태되었기 때문이다. 그런데 예수께서 세례를 받으실 때 성령님이 비둘기같이 위에 임하셨다(눅3:22; 요1:32). 이처럼 성령께서 내주하시지만, 위로부터 강림하실 수 있는 것이다.

성령의 세례는 오순절 마가의 다락방에서 단 한번 일어난 사건이 아니다. 오순절 이후에도 성령의 세례는 계속되었다.

사도행전 10장 44-45절 "베드로가 이 말을 할 때에 성령이 말씀 듣는 모든 사람에게 내려오시니 베드로와 함께 온 할례 받은 신자들이 이방인들에게도 성령 부어 주심으로 말미암아 놀라니"

사마리아에서는 베드로와 요한이 안수했을 때 성령을 체험하였다.

사도행전 8장 14-17절 "예루살렘에 있는 사도들이 사마리아도 하나님의 말씀을 받았다 함을 듣고 베드로와 요한을 보내매 그들이 내려가서 그들을 위하여 성령 받기를 기도하니 이는 아직 한 사람에게도 성령 내리신 일이 없고 오직 주 예수의 이름으로 세례만 받을 뿐이더라 이에 두 사도가 그들에게 안수하매 성령을 받는지라"

사도행전 19장 5-6절 "그들이 듣고 주 예수의 이름으로 세례를 받으니 바울이 그들에게 안수하매 성령이 그들에게 임하시므로 방언도 하고 예언도 하니"

로이드 존스는 이렇게 말한다. "승천하신 주님께서 친히 오순절뿐만 아니라 교회사를 통하여 계속 성령을 부어주시고 특별한 사역을 수행시키기 위하여 능력을 부어주신다. 교회와 신자는 성령의 사역을 통하여 부흥될 것이다."라고 주장한다.

예수께서 자신의 몸을 세우는 그리스도의 사역을 성취하는 데 필요한 성령의 은사는 무엇이든지 구할 수 있다는 것과 하나님께서 구하는 자들에게 주신다는 것이다.

스웨트(H. B. Swete)는 이에 대해 이렇게 주장하고 있다. "정관사가 있는 곳은 '인격으로서의 성령'을 말하고 있다. 그러나 정관사가 없는 곳은 인격으로서의 성령이 아닌 '성령의 사역'을 말한다."

예수께서 자신의 몸을 세우는 그리스도의 사역을 성취하는 데 필요한 성령의 은사는 무엇이든지 구할 수 있다는 것과 하나님께서 구하는 자들에게 주신다는 것이다.

고린도전서 12:7-11절을 보자. "각 사람에게 성령을 나타내심은 유익하게 하려 하심이라 어떤 사람에게는 성령으로 말미암아 지혜의 말씀을, 어떤 사람에게는 같은 성령을 따라 지식의 말씀을, 다른 사람에게는 같은 성령으로 믿음을, 어떤 사람에게는 한 성령으로 병 고치는 은사를, 어떤 사람에게는 능력 행함을, 어떤 사람에게는 예언함을, 어떤 사람에게는 영들 분별함을, 다른 사람에게는 각종 방언 말함을, 어떤 사람에게는 방언들 통역함을 주시나니 이 모든 일은 같은 한 성령이 행하사 그의 뜻대로 각 사람에게 나누어 주시는 것이니라"

A. 영적 세계를 보는 방법

* 구하라

누가복음 11:9-13 "내가 또 너희에게 이르노니 구하라 그러면 너희에게 주실 것이요 찾으라 그러면 찾아낼 것이요 문을 두드리라 그러면 너희에게 열릴 것이니 구하는 이마다 받을 것이요 찾는 이는 찾아낼 것이요 두드리는 이에게는 열릴 것이니라 너희 중에 아버지된 자로서 누가 아들이 생선을 달라 하는데 생선 대신에 뱀을 주며 알을 달라 하는데 전갈을 주겠느냐 너희가 악할지라도 좋은 것을 자식에게 줄 줄 알거든 하물며 너희 하늘 아버지께서 구하는 자에게 성령을 주시지 않겠느냐 하시니라"

"구하라… 주실 것이요" - 본문의 '구하라'에 해당하는 헬라어 '아이테이테'는 '받기 위해서는 구해야 한다', '구하지 않고서는 받을 수 없다'는 말이다.

"찾으라 찾을 것이요" - 이 문구의 의미는 기도한 것을 얻기 위해서 적극적으로 행동으로 옮겨야 함을 말해주는 것일 수 있고, 또한 여기서 사용된 동사 '찾으라', '제테이테'의 성경적 용법에 따라 '하나님을 찾는 것을 뜻한다'고 볼 수 있다(신4:29; 삼하21:1; 호5:15; 행17:27).

"두드리라… 열릴 것이니" - 기도를 문을 두드리는 것에 비유한 예는 랍비들의 가르침에서도 찾아볼 수 있다. 이것은 '기도를 함에 있어서 인내와 끈기를 가져야 함'을 말해 주는 것이다.

* 약속을 믿고 기도에 힘쓰라
  사도행전 1:4-5 "사도와 함께 모이사 그들에게 분부하여 이르시되 예루살렘을 떠나지 말고 내게서 들은 바 아버지께서 약속하신 것을 기다리라 요한은 물로 세례를 베풀었으나 너희는 몇 날이 못되어 성령으로 세례를 받으리라 하셨느니라"
  사도행전 1:13-14 "들어가 그들이 유하는 다락방으로 올라가니 베드로, 요한, 야고보, 안드레와 빌립, 도마와 바돌로매, 마태와 알패오의 아들 야고보, 셀롯인 시몬, 야고보의 아들 유다가 다 거기 있어 여자들과 예수의 어머니 마리아와 예수의 아우들과 더불어 마음을 같이하여 오로지 기도에 힘쓰더라"
  "아버지의 약속하신 것" - '아버지의 약속'은 주님께서 마지막 날 밤에 제자들에게 말씀하신 내용이 중심 주제를 이루고 있다. 그것은 곧 보혜사 성령에 관한 약속이다(욜2:28-32; 눅24:49; 행1:4-5).

* 깊은 묵상을 하라(관상기도훈련, 십자가 묵상 등 …)
  조용히 성령의 임재를 구하고 평안한 가운데 십자가 앞으로 가지고 나가라. 십자가에 달리신 주님을 상상하고 바라보면서 뒷부분에서 밝히겠지만 상상력을 이용한 기도는 우리를 부정적인 생각에서 벗어나도록 도와 준다. 고통과 아픔을 가지고 주님께 올려 드려라…. 주님의 인도를 받으라….

(필자는 깊이 묵상 중에 "내가 목마르다" 하시는 주님을 보게 되었다.)

다음은 필자가 ○○○ 선교사에 대해 기도하는 중에 주님이 감동을 주신 말씀을 메일로 보낸 내용이다.

존경하는 선교사님!
북한동포의 인권이 유린을 당하는데 정부와 정치인, 교계는 한 마디 말도 못하는 현실을 보고 통탄하는 심정을 갖고 기도하고 있습니다. 과연 이 시대에 하나님의 말씀 앞에 순종하며 나가는 주의 종들이 얼마나 되겠는가? 선교사님이 보이신 용기 있는 행동에 감사하고 존경을 표합니다. 솔직한 저의 마음은 당신의 발 앞에 무릎 꿇고 싶고 부끄러울 뿐입니다.
북한에 억류 중 고문의 후유증으로 정신과 치료를 받고 있다는 소식을 들었습니다. 저도 공부하다가 5년 정도 미칠뻔 했던, 기억하고 싶지 않은 정신질환을 경험한 바 있어 도움을 주고 싶습니다.
우울증이나 정신질환은 정신과 전문의의 의학적 처방을 받으면서 치료하는 것이 좋습니다. 그러나 또한 이 질환은 영적인 부분이라, 또 하나의 치료약인 하나님의 말씀이 꼭 필요합니다.
히브리서 4:12 "하나님의 말씀은 살았고 운동력이 있어 좌우에 날선 어떤 검보다도 예리하여 혼과 영과 및 관절과 골수를 찔러 쪼개기까지 하며 또 마음의 생각과 뜻을 감찰하나니" 증세에 따른 다양한 처방전이 필요합니다. 문제는 제가 ○○○ 선교사님의 증세를 알지 못하기 때문에 어떤 도움을 주기가 힘들 뿐이지만, 하나님께서 선교사님의 우울증은 100%로 치료하실 것을 확신합니다. 저는 우울증 환자들을 케어한 경험이 있고, 지금도 돌보고 있는데, 거의 완치 되더군요.

우울증의 배후에는 반드시 사단이 역사하고 있어 같이 기도하면서 영적인 싸움을 하는 방법을 가르쳐 준 결과였습니다. 사단의 세력과 대적한다는 게 쉽지 않겠지요! 두려움과 공포가 오겠지요! 그런데 알아야 할 것은 사단의 세력들도 우리가 예수님의 이름의 권세와 성령의 검을 가지고 있기에 그들도 두려워서 선제공격(先制攻擊)을 하고 있는 것입니다.

이제는 내가 공격해야 합니다. '예수이름으로 명하는데도 안돼' 그런 생각을 하고 있을지 모르겠어요. 안되는 게 아니라, 되고 있는데, 반응이 더디 나타나고 있을 뿐 이지요. 문제는 믿음으로 말하느냐, 믿음이 있느냐, 없느냐에 달려 있습니다.

PS : 하나님께서 선교사님에게 전하라고 저에게 이런 감동을 주셨습니다.

이사야 43:18-21절 "**너희는 이전 일을 기억하지 말며 옛날 일을 생각하지 말라 보라 내가 새 일을 행하리니 이제 나타낼 것이라 너희가 그것을 알지 못하겠느냐 반드시 내가 광야에 길을 사막에 강을 내리니 장차 들짐승 곧 승냥이와 타조도 나를 존경할 것은 내가 광야에 물을, 사막에 강들을 내어 내 백성, 내가 택한 자에게 마시게 할 것임이라 이 백성은 내가 나를 위하여 지었나니 나를 찬송하게 하려 함이니라**"

사사기 6:12-16절 "**여호와의 사자가 기드온에게 나타나 이르되 큰 용사여 여호와께서 너와 함께 계시도다 하매 기드온이 그에게 대답하되 오 나의 주여 여호와께서 우리와 함께 계시면 어찌하여 이 모든 일**

이 우리에게 일어났나이까 또 우리 조상들이 일찍이 우리에게 이르기를 여호와께서 우리를 애굽에서 올라오게 하신 것이 아니냐 한 그 모든 이적이 어디 있나이까 이제 여호와께서 우리를 버리사 미디안의 손에 우리를 넘겨 주셨나이다 하니 여호와께서 그를 향하여 이르시되 너는 가서 이 너의 힘으로 이스라엘을 미디안의 손에서 구원하라 내가 너를 보낸 것이 아니냐 하시니라 그러나 기드온이 그에게 대답하되 오 주여 내가 무엇으로 이스라엘을 구원하리이까 보소서 나의 집은 므낫세 중에 극히 약하고 나는 내 아버지 집에서 가장 작은 자니이다 하니 여호와께서 그에게 이르시되 내가 반드시 너와 함께 하리니 네가 미디안 사람 치기를 한 사람을 치듯 하리라 하시니라"

"북한에서 당한 벌거벗음과 성적 고문으로 인한 죄책감이나 수치심, 두려움을 벗어버려라, 나도 군중 앞에서 벌거벗김을 당했고, 성적 수치심을 당하였다"고 하시더군요. 그러면서 "그(선교사)는 북한의 예수다"라고 하시는 것 같았습니다.

예수님은 조금도 개의치 않으셨습니다. 선교사님이 사단이 주는 그런 생각에 사로잡혀 있을 뿐이지요. 선교사님도 북한의 예수로 당당히 일어서서 선포하십시오.

"사단아 그것은 너의 생각이다. 이제는 안 속아." 선교사님은 반드시 승리하실 것입니다.

기도한다는 사람들이 주의해야 할 점이 있다. "하나님의 음성을 들었다. 주께서 이렇게 말씀하셨다."라는 표현을 종종 듣게 되는데, 조심해서 말해야 할 부분이다. 기도하는 사람들은 이해하지만, 오해의 소지가 있기 때문이다.

성경에서는 하나님의 음성을 듣기도 하지만, 주의 사자, 천사를 통해 전달받는 장면들도 많이 나온다. 천사를 보고 사도요한은 "주여"라는 표현을 하고 있다. 그러므로 말을 할 때는 "주께서 말씀했다" 보다는 "주께서 나에게 이런 감동을 주셨습니다"라고 표현하는 것이 좋을 듯 하다. 그래야 듣는 사람들에게도 거부감을 주지 않는다. IHOP에 시무하는 마이클 비클 목사도 하나님의 음성을 직접 들은 적은 1번 뿐이었다고 말한 적이 있다.

* 관상 기도 훈련을 하라(하나님의 말씀을 가지고 기도하는 것이다)
예) 오병이어의 말씀을 깊이 묵상하며 그 말씀의 현장으로 들어가는 것이다. 풍랑이는 배 속에서 주님을 깨우는 현장 속으로 들어가 내가 어떻게 하고 있는가 보면서 주님의 인도를 받는 것이다. 그 그림이 그려지면 자연스럽게 주님과 질문하고 듣고 하는 관계로 들어가라. 그런 상황이 연출되기는 쉽지는 않지만, 주께 구하면서 말씀을 깊이 묵상하기 바란다.

또 한가지는 은사 가진 사람들과 기도하는 것을 권하고 싶다. 이 분야에 깊은 영적 대가들이 있다. 그들을 찾아가는 것도 좋은 방법 중의 하나다. 적을 보면서 싸운다면 허공을 치지 않을 것이다. 악한 영들의 활동이 환상으로 보이기 때문에 정확히 대항할 수 있고, 공격할 수 있다.

환상을 보게 되면, 그때에는 "악의 정체는 드러나라!"고 명령하라! 그러면 어떤 짐승이나 사람이나 여러 형태로 나타나기도 한다.

예) 필자의 경험을 말해본다, 오리가 뒤뚱 걸으면서 천천히 나갔다. "주님, 이것이 뭐예요?" 하고 물으니, 그때 주께서는 게으름과 완고한 영이라는 느낌을 주셨다. 뱀이 드러나는 경우도 있다. 옆 사람과 손을 잡고 기도해야 하는 시간이 있어 기도하는데, 큰 구렁이가 쉽게 나가지 않았다. 20분 정도 땀을 흘리며 기도하였다. 그 이야기를 당사자에게 하자, 자신이 3년 전에 위암수술을 한 적이 있다고 말하였다.

사단의 세력이 드러났을 때, 정체가 무엇인지 반드시 주께 물으라. 그리고, 예수 이름으로 명령하고, 십자가의 피로 덮고, 성령의 불로 소멸하는 화전을 취하라.

* 악한 세력들이 떠나갈 때 나타나는 현상

눈물이 나오기도 하고 구역질이 나기도 한다. 어떤 경우에는 방귀로 나가기도 한다. 특히 기도할 때 이런 현상들이 많이 나타난다. 필자는 이런 말을 듣고 이해가 되지 않아서 성경을 찾아보았는데 예수께서 귀신을 내어 쫓으실 때 기록이 되어 있다.

마가복음 9:20절 "이에 데리고 오니 귀신이 예수를 보고 곧 그 아이로 심히 경련을 일으키게 하는지라 저가 땅에 엎드러져 굴며 거품을 흘리더라"

누가복음 9:39 "귀신이 저를 잡아 졸지에 부르짖게 하고 경련을 일으켜 거품을 흘리게 하며 심히 상하게 하고야 겨우 떠나가나이다"

이런 경우 다른 사람에게 거부감이나 피해를 주지 않도록 처리해 달라고 하나님께 기도하면 다른 사람에게 피해를 주지 않는 방법으로 나간다.

7) 전신갑주를 입으라

군인이 무장하고 전장에 나가는 것은 당연한 것이다.

그런데 우리는 무장을 하지 않은 채 전장에 나가고 있다. 그래서 적의 공격에 쉽게 넘어지는 것이다. 에베소서 6:13에 "그러므로 하나님의 전신갑주를 취하라 이는 악한 날에 너희가 능히 대적하고 모든 일을 행한 후에 서기 위함이라" 말씀한다.

이어서 14-17절에 구체적으로 설명하고 있다. "그런즉 서서 진리로 너희 허리 띠를 띠고 의의 흉배를 붙이고 15 평안의 복음의 예비한 것으로 신을 신고 16 모든 것 위에 믿음의 방패를 가지고 이로써 능히 악한 자의 모든 화전을 소멸하고 17 구원의 투구와 성령의 검 곧 하나님의 말씀을 가지라"

"진리로 너희 허리띠를 띠고" - 당시 의복은 발목까지 내려오는 긴 옷이었다(Mitton). 그래서 전투를 하기 위해서는 먼저 옷을 붙들어 매야 했다. 이렇게 의복을 잡아매는 띠는 '진리' 이다.

여기서 '진리' 는 복음이라기보다는 '진실함과 충실함' 을 의미한다.

이사야 11:5절에서는 "공의로 그 허리띠를 삼으며 성실로 몸의 띠를 삼으리라"고 말씀하고 있기 때문이다.

'진리로 허리띠를 띠다' 는 말은 공의를 진실로 삶고 있는 것을 말한다.

"의의 흉배를 붙이고" - '흉배' 를 목에서 허벅지까지 가리는 것으로 가슴과 폐를 보호하는 역할을 한다. 여기서 '의' 는 그리스도로 인한 칭의다(롬3:21-26).

로마서 5:18 "그런즉 한 법죄로 많은 사람이 정죄에 이른 것 같이 의의한 행동으로 말미암아 많은 사람이 의롭다 하심을 받아 생명에 이르렀느니라"

로마서 8:1 "그러므로 이제 그리스도 예수 안에 있는 자에게는 결코 정죄함이 없나니"

그리스도의 의의 옷을 입은 자를 말한다. 예수의 구속을 확신하는 믿음을 의미한다.

"평안의 복음이 준비한 것으로 신을 신고" - '준비한 것' 에 해당하는 헬라어 '헤토이마시아' 는 시편 8:1-9:14에서 유래한 것으로 악의 세력과의 전투에 대항하기 위하여 평안의 복음으로 준비된 상태를 의미한다고 주장한다(Meyer, Hendriksen). 거센 풍랑 앞에 아우성치는 제자들의 모습과 전혀 다른 반대의 모습을 말한다. 평안의 복음을 신고 있다는 우리가 그런 모습 아닌가? 그렇다면 우리는 복음의 신을 신고 있지 않다는 것이다.

"믿음의 방패를 가지고" - '방패' : 헬라어 '뒤레온' 은 온몸을 가릴 수 있는 긴 방패를 가리킨다. 그리스도인들이 마귀와 영적 전투를 함에 있어서 방패는 '믿음' 이다. '믿음' 은 그리스도의 능력을 의지하는 온전한 신뢰를 의미한다. 마귀에 의한 모든 공격은 핍박, 의심, 절망 등을 의미한다. 믿음은 이런 공격을 저지하고 승리할 수 있는 힘이다(Lincoln).

"구원의 투구를 쓰고" - '투구' 는 데살로니가전서 5:8절에 '구원의 소망' 으로 나타난다. '투구' 는 이미 실현된 구원을 가리킨다. 왜냐하면 에베소 교인들이 이미 구원을 얻은 것으로 나타나기 때문이다(엡 2:5). 하나님께서 예수 그리스도 안에서 주신 구원은 악한 세력과의 전투에서 그리스도인들을 보호하는 전신갑주 중의 하나이다.

이는 구원의 확신을 갖고 있음을 의미한다. 사단의 참소에 굴하지 않게 된다.

"성령의 검 곧 하나님의 말씀을 가지라" - 전신갑주 중에서 유일한 무기는 '성령의 검' 이다. '성령의 검' 은 '하나님의 말씀' 이며 이는 성령에 의해서 주어진다(3:5; 딤후3:16; 히3:7; 9:8; 10:15; 벧전1:11; 벧후1:21).
　유일한 공격용 무기이다.

"여호와의 말씀이니라 내 말이 불 같지 아니하냐 바위를 쳐서 부스러뜨리는 방망이 같지 아니하냐"(렘23:29)

하나님의 전신갑주는 성경말씀과 기도로 무장되어지므로 성령의 인도를 받아 기도하는 것이 중요하다.
　특별히 방언으로 기도하면서 나아가라. 방언기도는 성령의 인도를 받게 하기 때문이다(행2:4 "그들이 다 성령의 충만함을 받고 성령이 말하게 하심을 따라 다른 언어들로 말하기를 시작하니라").

필자가 경험한 바로는 내담자가 상담하면서 자신이 하나님의 말씀을 배우며 우울증의 근본원인을 알게 되면서 구원의 확신과 하나님의 보호와 믿음이 강해지게 되니까 자신의 머리에서 가슴까지 갑옷으로 덮혀지는 것 같은 느낌을 받았다고 말하는 것을 듣게 되었다. 내담자는 단 한 번의 상담으로 담대함을 얻은 것이다.

필자가 '미국 블랙 마운틴 두나미스 센타' 에서 영적 전쟁을 하고 있을 때 사람들의 무장된 모습이 보였다. 사람마다 무장한 갑옷의 형태도 달랐다. 옛날 장군과 사병의 복장이 다르듯이 영적세계의 무장 형태가 다르다. 사병이 있고 장교가 있었다. 그러나 장교라고 하더라도 무장하지 않고 있는 사람들이 있다. 반드시 전쟁에는 무장하고 나가야 한다. 무장은 선택이 아니라 필수이다. 영적 전쟁을 한마디로 표현하자면, '반지의 제왕' 과 같은 환타지 영화의 장면들과 유사하다.

영적 전쟁에 있어서 그 무엇보다 가장 중요한 것은 예수 그리스도 안에 굳게 서는 것이다. 그리스도 안에 있는 것이 영적 전쟁의 가장 중요한 요소이다. 마귀의 궤계를 능히 대적하기 위하여 주 안에서 능력과 강건함으로 덧입어야 한다. 우리는 느슨해진 하나님의 전신갑주를 날마다 다져 입고 고쳐시켜나가야 한다.

8) 예수의 피의 능력을 활용하라

이스라엘 백성들은 유월절 어린 양의 피가 좌우 문설주와 인방에 뿌려지자 죽음의 재앙으로부터 보호를 받게 되었다.

이처럼 유월절 어린 양이신 예수께서 우리를 위해 십자가에서 피를 흘리셨다.

"예수도 자기 피로써 백성을 거룩하게 하려고 성문 밖에서 고난을 받으셨느니라"라고 말씀하고 있다(히13:12절).

이 피는 놀라운 능력을 발휘한다고 성경은 우리에게 말씀하고 있다 (엡1:7; 롬5:9; 요일1:7,9).

레위기 17:11절은 이렇게 말씀하고 있다. "육체의 생명은 피에 있음이라 내가 이 피를 너희에게 주어 제단에 뿌려 너희의 생명을 위하여 속죄하게 하였나니 생명이 피에 있으므로 피가 죄를 속하느니라"

이 말씀은 생명은 피와 동등하다고 말하고 있다. 그럼에도 불구하고 우리는 생명에 대해서 잘 알지 못하고 있다. 그러나 분명한 것은 생명은 피라고 하는 물질 속에 보존되고 있다. 피는 하나님에게서 온 생명을 운반하는 능력을 지니고 있는 것이다. 예수 그리스도의 피는 우리의 피와 전혀 다르다. 그래서 베드로는 예수 그리스도의 보배로운 피라고 표현하고 있다.

우리가 예수 그리스도를 영접하면 그 피가 우리를 깨끗하게 하실 것이라고 선포한다. 예수의 피가 우리의 죄를 깨끗이 제거하여 영적 더러움을 씻어준다(요일1:7).

우리는 예수 그리스도의 피로 말미암아 영원한 생명과 하나님의 자녀로의 신분이 바뀌게 되었다. 이것이 곧 예수 그리스도의 피의 능력이다. 이 피의 능력을 활용하는 것이다. 이 피로 사단과 대적하는 것이다. 이 피에는 하나님의 영원한 생명이 들어있고 마귀를 멸하는 능력이 있기 때문이다. 이 피 속에 예수님의 생명이 함께하기 때문이다.

마귀는 눈에 보이지도 않고, 육체로 감지되지도 않는 존재이지만 언제나 우리의 오감을 통하여 유혹하고 있으며, 또 상상이나 생각을 통하여 행동으로 옮기도록 미혹한다. 인간은 연약하기 때문에 원치 않으면서도 부지불식 간에 죄를 저지를 경우가 있다. 이렇게 되면 마귀에게 또 기회(틈)를 주는 것이 되므로 다시 마귀의 지배와 간섭을 받게 된다. 그로 인해 구원의 즐거움과 기쁨은 사라지고 여러 가지 부정적인 감정으로 고통을 받게 되는 것이다. 그러나 이때에도 하나님의 말씀에 순종해야 한다. 다시 죄 없이함을 받아야 한다. 우리의 죄를 사할 수 있는 것은 주님의 보혈밖에 없다.

우리의 모든 죄는 이미 2,000년 전에 사함을 받은 것을 믿어야 한다.

히브리서 9:11-12 "그리스도께서 장래 좋은 일의 대제사장으로 오사… 오직 자기 피로 영원한 속죄를 이루사 단번에 성소에 들어 가셨느니라"

"예수님은 우리 죄를 위한 화목제이시다"(요일2:2)

히브리서 9장 14절에 "하물며 영원하신 성령으로 말미암아 흠 없는 자기를 하나님께 드린 그리스도의 피가 어찌 너희 양심을 죽은 행실에서 깨끗하게 하고 살아 계신 하나님을 섬기게 하지 못하겠느냐"라고 말씀하신다.

우리의 몸은 핏 값으로 사신 바 된 자요, 성령의 전이므로 마귀에겐 우리를 지배할 합법적인 근거가 전혀 없음을 주장하라, 이 사실을 마귀에게 분명히 제시해야 한다.

요한일서 1:7절을 보면 "그가 빛 가운데 계신 것 같이 우리도 빛 가운데 행하면 우리가 서로 사귐이 있고 그 아들 예수의 피가 우리를 모든 죄에서 깨끗하게 하실 것이요"

"깨끗하게 하다"라는 말의 시제가 현재형임을 주목하라. 이는 과거에 한번 정결케 된 것을 의미하는 것이 아니라 현재에도 미래에도 계속에서 정결케 되는 것을 의미한다. 하나님의 자녀는 의식적으로 예수 그리스도의 피를 지니고 날마다 순간마다 지금도 그 보혈로 자신을 정결케 해야 한다는 것이다.

사단의 가공할 공격으로부터 우리 스스로를 보호할 수 있는 유일한 방법은 그리스도의 보혈에 믿음으로 자신을 담그는 것이다. 이것이

지존자의 은밀한 곳에 거하고 전능하신 자의 그늘 아래 거하는 상태인 것이다. 그리스도의 보혈에는 능력이 있다.

요한계시록 12:9-11을 보면 "큰 용이 내쫓기니 옛 뱀 곧 마귀라고도 하고 사탄이라고도 하며 온 천하를 꾀는 자 그가 땅으로 내쫓기니 그의 사자들도 그와 함께 내쫓기니라 내가 또 들으니 하늘에 큰 음성이 있어 이르되 이제 우리 하나님의 구원과 능력과 나라와 또 그의 그리스도의 권세가 나타났으니 우리 형제들을 참소하던 자 곧 우리 하나님 앞에서 밤낮 참소하던 자가 쫓겨났고 또 우리 형제들이 어린 양의 피와 자기들의 증언하는 말씀으로써 그를 이겼으니 그들은 죽기까지 자기들의 생명을 아끼지 아니하였도다"

마귀와 싸워서 이길 수 있는 무기는 예수 그리스도의 보혈과 말씀이다(계12:11).

찬송가 중에서 보혈 찬송을 믿음으로 고백하면서 부르는 것이 중요하다(찬송가 268장 '죄에서 자유를 얻게 함은'을 가사를 생각하면서 반복해서 부르라).

9) 예수 이름의 권세를 활용하라

필자가 우울증에 빠져 오랜 고통의 터널 속에 있을 때 한 줄기의 빛을 발견하였다. 브라질 선교사로 계시던 분과 대화를 하면서 귀신을 어떻게 내어 쫓냐고 질문하자, "신학생이 그런 것도 몰라! 예수의 이름으로 명령하라"라고 성경에 있지 않느냐는 것이었다. 이런 영적인 체험이 전무한 나에게는 사막의 오아시스와도 같았다.

예수님을 따르지도 않던 자도 주의 이름으로 귀신을 내어 쫓았다고 말씀하지 않는가?(막9:38) 그렇다. 마가복음 16:17절에 "**믿는 자들에게는 이런 표적이 따르리니 곧 저희가 내 이름으로 귀신을 쫓아내며 새 방언을 말하며**" 말씀하고 있다.

창세기 3장 15절에 이미 예고된 내용이다. "**내가 너로 여자와 원수가 되게 하고 너의 후손도 여자의 후손과 원수가 되게 하리니 여자의 후손은 네 머리를 상하게 할 것이요 너는 그의 발꿈치를 상하게 할 것이니라 하시고…**" 여자의 후손(예수 그리스도)이 뱀의 머리를 상하게 한다. 치명적인 상처를 준다는 것이다.

이미 인류의 기원이 시작되면서 여자의 후손인 예수 그리스도의 권세와 능력을 예고하였다.

예수께서도 이렇게 말씀하셨다. "**그날에는 너희가 아무것도 내게 묻지 아니하리라 내가 진실로 진실로 너희에게 이르노니 너희가 무엇이든지 아버지께 구하는 것을 내 이름으로 주시리라 지금까지는 너희가 내 이름으로 아무 것도 구하지 아니하였으나 구하라 그리하면 받으리니 너희 기쁨이 충만하리라**"(요16:23-24)

누가복음 10:17절에는 예수 그리스도의 이름의 능력을 체험한 70인 전도대의 활약상을 소개하고 있다. "**칠십 인이 기뻐 돌아와 이르되 주여 주의 이름이면 귀신들도 우리에게 항복하더이다**" 제자들의 전도사역은 매우 성공적이었다. 귀신을 쫓아내는 예상치 못한 놀라운 일이 일어난 것이다. 예수께서 하셨던 일들을 자기들도 할 수 있었다는 사실에 경이로움을 느낀 것이다.

"**주여 주의 이름이면 귀신들도 우리에게 항복하더이다**"

다른 것 필요 없이 주의 이름만으로 충분했습니다. 주님의 이름이면 됩니다. 주님의 이름의 놀라운 권세를 경험한 그들의 반응이다.

주께서 이렇게 말씀하신다. "**내가 너희에게 뱀과 전갈을 밟으며 원수의 모든 능력을 제어할 권능을 주었으니 너희를 해칠 자가 결코 없으리라**"(눅10:19)

성경에서 뱀과 전갈은 주로 사단의 세력을 상징한다(창3:1-15; 고후 11:3; 계9:3,5,10). 이 말씀은 사단의 세력이 제자들에 의해 짓밟혔다는 의미와 제자들에게 악한 세력을 물리칠 수 있는 권세가 주어졌다는 사실을 보다 강조하시는 것을 볼 수 있다.

우리는 권세를 가지고 있기 때문에 악한 영을 직접 대면하여 떠날 것을 명령할 수 있다. 성령께 악한 영의 이름을 조명해 주도록 구하라. 필요하다면 악한 영의 이름을 알게 하실 것이다. 그러나 악한 영의 이름을 조명해 주는 것과 상관없이 주의 이름으로 떠날 것을 명령하면 대부분 쫓겨간다. 그러나 쫓겨가지 않는 것도 있음을 경험했을 것이다. 그 이유는 우리의 권세가 부족해서가 아니라, 그 영을 접촉하게 된 근거를 적절히 다루지 못했기 때문이다(성령에 의하여 음란의 영에 사로잡혀 있는 사람을 떠나라고 명령하면 "이 아이가 나를 더 좋아하는데 내가 왜 떠나?"라고 거부표시를 하는 경우도 있다).

* 일련의 사건들은 성경 여러 부분에 나타나고 있다

사도행전 3장 "1 제 구시 기도 시간에 베드로와 요한이 성전에 올라갈새 2 나면서 앉은뱅이 된 자를 사람들이 메고 오니 이는 성전에 들어가는 사람들에게 구걸하기 위하여 날마다 미문이라는 성전 문에 두는 자라… 6 베드로가 가로되 은과 금은 내게 없거니와 내게 있는 것으로 네게 주노니 곧 나사렛 예수 그리스도의 이름으로 걸으라 하고 7 오른 손을 잡아 일으키니 발과 발목이 곧 힘을 얻고 8 뛰어 서서 걸으며 그들과 함께 성전으로 들어 가면서 걷기도 하고 뛰기도 하며 하나님을 찬미하니… 12 베드로가 이것을 보고 백성에게 말하되 이스라엘 사람들아 이 일을 왜 기이히 여기느냐 우리 개인의 권능과 경건으로 이 사람을 걷게 한 것처럼 왜 우리를 주목하느냐… 16 그 이름을 믿으므로 그 이름이 너희 보고 아는 이 사람을 성하게 하였나니 예수로 말미암아 난 믿음이 너희 모든 사람 앞에서 이같이 완전히 낫게 하였느니라"

사도행전 4장 "7 사도들을 가운데 세우고 묻되 너희가 무슨 권세와 뉘 이름으로 이 일을 행하였느냐… 10 너희와 모든 이스라엘 백성들은 알라 너희가 십자가에 못 박고 하나님이 죽은자 가운데서 살리신 나사렛 예수 그리스도의 이름으로 이 사람이 건강하게 되어 너희 앞에 섰느니라."

사도행전 4:30 "손을 내밀어 병을 낫게 하옵시고 표적과 기사가 거룩한 종 예수의 이름으로 이루어지게 하옵소서 하더라"

사도행전 16:16-18 "16 우리가 기도하는 곳에 가다가 점치는 귀신 들린 여종 하나를 만나니 점으로 그 주인들에게 큰 이익을 주는 자 17 그가 바울과 우리를 따라와 소리 질러 이르되 이 사람들은 지극히 높은 하나님의 종으로서 구원의 길을 너희에게 전하는 자라 하며 18 이같이 여러 날을 하는지라 바울이 심히 괴로워하여 돌이켜 그 귀신에게 이르되 예수 그리스도의 이름으로 내가 네게 명하노니 그에게서 나오라 하니 귀신이 즉시 나오니라

마가복음 16:17-18 "17 믿는 자들에게는 이런 표적이 따르리니 곧 저희가 내 이름으로 귀신을 쫓아내며 새 방언을 말하며 18 뱀을 집으며 무슨 독을 마실찌라도 해를 받지 아니하며 병든 사람에게 손을 얹은즉 나으리라 하시더라"

예수의 이름으로 하나님의 뜻에 합당한 일을 구할 때 놀라운 이적이 지금도 일어나는 것이다(마21:21).

- 영적세력을 향해 "저주받고 악한 더러운 귀신아 예수 이름으로 명하노니 떠날 찌어다"
- 자기 영혼을 향해 "내영혼아 깰지어다 강하고 담대할 찌어다"(시57:8)
- 자신의 몸을 향해 "손을 얻고 병은 떠나가고 오장육보는 강하여 질찌어다" "바이러스나 암세포는 사라질 찌어다"
- 자기의 뇌세포를 향해 "내 머릿속에 예수님의 보혈이 흐르고 있음을 감사합니다. 나사렛 예수 이름으로 명하노니 뇌세포는 하나님의 영광을 위하여 최대한기능을 발할 찌어다" 이렇게 선포하면 모든 만물은 그 이름의 권세 때문에 반응하게 되어 있다.

* 예수님은 십자가를 지시므로 하나님으로부터 모든 권세를 위임 받으셨다

빌립보서 2장 "8 사람의 모양으로 나타나셨으매 자기를 낮추시고 죽기까지 복종하셨으니 곧 십자가에 죽으심이라 9 이러므로 하나님이 그를 지극히 높여 모든 이름 위에 뛰어난 이름을 주사 10 하늘에 있는 자들과 땅에 있는 자들과 땅 아래 있는 자들로 모든 무릎을 예수의 이름에 꿇게 하시고 11 모든 입으로 예수 그리스도를 주라 시인하여 하나님 아버지께 영광을 돌리게 하셨느니라"

* 예수님은 창조주시다 그러므로 바람까지도 다스리신다

골로새서 1:16-17절 "만물이 그에게 창조되되 하늘과 땅에서 보이는 것들과 보이지 않는 것들과 혹은 보좌들이나 주관들이나 정사들이나 권세들이나 만물이 다 그로 말미암고 그를 위하여 창조되었고 또한 그

가 만물보다 먼저 계시고 만물이 그 안에 함께 섰느니라"

누가복음 8:25절 "제자들에게 이르시되 너희 믿음이 어디 있느냐 하시니 저희가 두려워하고 기이히 여겨 서로 말하되 저가 뉘기에 바람과 물을 명하매 순종 하는고 하더라"

✶ 예수 이름의 권세는 실체이다

하나님은 우리에게 예수 이름으로 우리가 영적으로, 육적으로 필요한 모든 것을 얻을 수 있는 '대리인의 권세'를 주셨다.

하나님은 우리에게 모든 마귀적인 힘을 이길 수 있는 능력을 주셨다.

먼저, 주 예수의 이름의 권세 앞에 모든 존재는 무릎을 꿇을 수밖에 없다는 것을 분명히 인식하는 것이 중요하다. 귀신들은 그분이 누구이시며 그분의 권세가 어떤 것인지 너무나 잘 알고 있기에 예수의 이름 앞에 절대 굴복한다.

우리는 그의 이름을 사용하여야 한다. 대부분 그 권세를 사용하지 못하는 것은 믿음이 적어서라기보다 그리스도 안에서 우리에게 주어진 법적 권리를 알고 있지 못하기 때문이다.

✶ 예수 그리스도의 이름이 내 안에 있어도 명령하지 않으면 아무 소용없다

믿음의 말, 명령하는 말, 고백하는 말, 기도하는 말이 나가는 순간 하나님은 역사하신다.

요한복음 14:13 "너희가 내 이름으로 무엇을 구하든지 내가 시행하리니 이는 아버지로 하여금 아들을 인하여 영광을 얻으시게 하려 함이라" 말씀하신다.

다윗도 골리앗과 싸우러 갈 때 만군의 여호와의 이름으로 나갔다.

귀신들은 예수님의 이름 앞에 벌벌 떤다는 사실이다. 왜? 예수님은

하나님이시다. 우울증 환자들을 상담할 때 내담자를 잡고 있는 세력들이 드러났을 때, 주의 이름으로 명령하면 사라졌다.

주의 이름의 권세를 활용하게 되면 놀라운 일들이 일어난다. 그러나 쉽게 떠나지 않는 악한 세력들도 있다. 포기하지 말고 이름의 능력을 의심치 말고 명하기를 계속하라. 반드시 떠나게 되어 있다(다만 시간이 걸릴 뿐이다).

문제는 믿음 없는 외침을 악한 세력들이 귀신 같이 안다는 것이다. 믿음으로, 말씀에 근거하여 선포해야 한다.

우리가 예수 그리스도의 이름으로 선포한다는 것은 하나님 나라의 모든 법적 근거와 공권력을 사용하는 것과 동일하다(커다란 덤프트럭이 쏜살같이 달리다가 교통순경의 수신호에 따라 순종하는 것처럼).

10) 하나님의 말씀의 검을 사용하라

어떻게 하면 사단이 뿌려 놓은 생각을 제거할 수 있을까?

그 답은 진리의 말씀 안에 거하게 하는 것이다. 말씀을 마음에 새기고 온유한 마음으로 받을 때 우리 안에 역사하는 사단의 생각을 통제하고 축출할 수 있다.

심관섭, 『하나님의 말씀 그 성령의 검을 사용하라』 책에서 이렇게 말한다. 우리가 알아야 할 것은 '말씀(word)'이라는 개념의 3개의 중요한 원어가 성경에서 사용되고 있다. 첫째, 히브리어 '따발' 과, 헬라어 '로고스' 와 '레마' 두 단어다.

'따발' 이라고 하는 하나님의 말씀은 구약에서 약394회 사용된다.

그 어근에는 순수한 지적 요소인 '사상'과 역학적인 요소인 '힘'이란 의미가 내포되어 있다고 한다. 그래서 하나님의 말씀 안에는 하나님의 사상이 내포되어 있을 뿐만 아니라 그분의 능력이 담겨져 있다.

구약 성경에 나타난 '말씀'이란 하나님 자신의 신적 성품과 권위와 그분의 뜻과 능력을 우리에게 나타내시기 위해서 사용하시는 신적 의사 전달의 방법인 것이다. 그러므로 성경에 나타난 하나님의 말씀은 바로 하나님 자신이라는 것을 우리는 깨달아야 한다.

느헤미야 8장5절에 학사 에스라가 이스라엘의 모든 백성 위에 서서 저의 목전에 율법 책을 펼 때에 그들이 보였던 태도를 우리는 알 수 있을 것이다. 이스라엘 백성들은 즉시 모두 일어나 하나님의 말씀 앞에 경외와 사랑을 표했던 것이다. 그러므로 우리 그리스도인들도 성경에 기록된 하나님의 말씀을 대할 때마다 하나님을 직접 대면하듯이 해야 한다.

신약성경에서 '로고스'라는 단어는 약 300회 사용되고, '레마'는 약 70회 사용되고 있다. 그런데 신약성경의 모든 구절에 있어서 '로고스'와 '레마'는 구약에 계시되어 있는 하나님의 기록된 말씀과 관련되어 있다.

그 '말씀'이 때때로 인간 저자의 말로, 때로는 선재하신 그리스도의 말씀으로, 때로는 하나님의 말씀으로 묘사되고 있다.

그중에 놀라운 것은 요한복음 1장에서 소개하고 있는 '말씀' 즉 '로고스'라는 용어의 사용이다.

"태초에 말씀이 계시니라 이 말씀이 하나님과 함께 계셨으니 이 말씀은 곧 하나님이시니라(요1:1)" 사도 요한은 여기서 "태초에 계신 말씀"이 바로 성육하신 하나님 말씀이라고 선포하고 있다. 성부 하나님의 독생자이신 예수 그리스도를 뜻한다. 그러므로 주님의 말씀은 영이요, 생명의 말씀이라고 말할 수 있다(요6:63,68).

그 '말씀'은 성경과 동등한 권위를 가지고 있다(요2:22; 5:47). 구약의 말씀처럼 주님의 말씀이 지니고 있는 능력은 권세 있는 능력일 뿐만 아니라 역동적인 능력이라는 것을 알 수 있다. 그래서 예수님은 자신의 말씀으로 죄 사함을 주시고, 병든 자를 고치시고, 귀신을 쫓아내고, 죽은 자를 살리셨던 것이다.

예수님의 말씀은 구약의 말씀처럼(사40;8) 영원하신 것이다. "천지는 없어지겠으나 주님의 말씀은 없어지지 않을 것이며, 권세 있는 능력으로 영원히 역사 하신다"(막13:31) 그런데 '로고스'와 '레마'라는 용어는 단지 예수께서 직접 하신 말씀에만 적용되는 것이 아니다. 이 용어는 예수님께서 말씀하시고 행하신 모든 일을 의미한다. 다시 말하면 모든 복음서 전체의 메시지를 포함한다.

이런 의미에서 우리는 신약성경에서 '하나님의 말씀(로고스)', '주의 말씀(로고스)', '그냥 '말씀(로고스)'이라는 세 가지 표현을 찾아볼 수 있다. 그 말씀은 바로 하나님의 말씀으로 진리의 말씀인 것이다. 그래서 하나님의 말씀은 생명과 능력을 지니고 있다(고전1:18).

그래서 그 말씀은 "성령의 검으로(엡6:17; 히4:12) 우리의 영, 혼, 육을 치료하시고(시107:20) 살리시고(시19:7), 거룩하게 하고(엡5:26), 승리케(마4:3-11)할 수 있다" 당신은 바로 이 절대권위의 말씀을 믿고 확신해야 한다.

말씀이 이처럼 중요하기 때문에 누가복음 8:12절은 말씀을 빼앗기지 않아야 할 것을 말씀하고 있습니다. "길가에 있다는 것은 말씀을 들은 자니 이에 마귀가 와서 그들로 믿어 구원을 얻지 못하게 하려고 말씀을 그 마음에서 빼앗는 것이요"

예) 군산에 목회 잘하는 목사님이 계신다. 그 교인 중에 정신 분열 증세를 보인 사람이 있었다고 한다. 조현중 환자들은 자기 주권을 사단에게 넘긴 상태이지만, 계속해서 사로 잡혀 있는 것이 아니라, 순간 순간 원래의 정신으로 돌아올 때가 있다(아니 조현중 환자들은 자기의식이 있는 상태에서 사단의 명령에 따라 순종하고 있는 것이다). 정신이 돌아왔을 때나, 사로잡혀 있을 때나 상관없이 사단의 정체와 예수 그리스도의 피의 능력을 말하는 성경구절은 따라 다니면서 계속 읽어 주었다고 한다. 쉽지 않은 싸움을 계속 3일 동안 한 후에 성도가 정상으로 회복되었다고 자기 경험을 소개한 적이 있다. 이런 환자들과의 영적 전쟁은 쉽게 끝나지 않는다. 그러나 포기만하지 않는다면 결코 하나님의 말씀에 사단의 세력은 무너지고 말 것이다. 진정으로 그 영혼을 사랑한다면, 수로보니게 여인처럼 예수님께 간절히 매달려야 할 것이다. 한 영혼을 천하보다 더 귀하게 여기는가가 여기에 달려있다.

성경은 예수님이 광야에서 사탄의 시험을 물리치실 때 사용하신 도구였다(마4:4, 7, 10).

히브리서 4:12절은 이렇게 말씀하고 있습니다. "하나님의 말씀은 살았고 운동력이 있어 좌우에 날선 어떤 검보다도 예리하여 혼과 영과 및 관절과 골수를 찔러 쪼개기까지 하며 또 마음의 생각과 뜻을 감찰하나니"

여기서 하나님의 말씀에는 비본질적이거나 만질 수 없는 것들도 쪼갤 수 있는 능력이 있다는 것이다. 말씀은 영적인 무기로써 물질세계에서 칼로 물건을 쪼개듯이 영적인 영역에서도 마찬가지이다. 말씀을 마음에 새기고 무의식 속에서도 말씀이 우리 안에서 자라나게 하는 것이 중요하다.

요한복음 15:7절에 "**너희**가 내 안에 거하고 내 말이 **너희** 안에 거하면 무엇이든지 원하는 대로 구하라 그리하면 이루리라" 말씀하고 있습니다.

"또 나의 사랑하는 바 주의 계명에 내 손을 들고 주의 율례를 묵상하리이다 주의 종에게 하신 말씀을 기억 하소서 주께서 나로 소망이 있게 하셨나이다 이 말씀은 나의 곤란 중에 위로라 주의 말씀이 나를 살리셨음이니이다"(시119편 48-49절)

여기서 주의해야 할 것은 사단은 하나님에 대한, 하나님 말씀에 대한 이미지를 훼손시켜 믿지 못하게 만든다(하나님의 함께 하심과 보호, 능력. 그리스도의 보혈의 능력, 등… 말씀을 믿지 못하게 한다).

다른 서적이나 교훈을 받아들이지 말고 성경을 가까이 해야 한다.

"어느 백화점 식품영업부에서 소비자들의 소비 심리를 조사하기 위해 간단한 실험을 하기로 했다. 먼저 열평 넓이의 두 개의 쇼윈도 위에 동일한 시금치 100단을 준비한 후, A코너 위에는 100와트짜리 전구 10개를, B코너 위에는 100와트 전구 6개를 켜 두었다. 그리고 3시간 후 각각의 코너에서 판매실적을 조사하였다. 실험결과는 어떻게 나왔을까? 예상대로 100와트 전구 10개를 켜 놓은 A코너 쪽의 시금치가 더 많이 팔렸다. 이후부터 백화점에서는 상품을 진열할 때 조명을 더욱 밝게 해서 판매촉진의 결과를 얻었다고 한다.

빛은 상품 판매에만 영향을 미치는 것이 아니다. 믿음이 없이 신앙생활을 하는 사람은 매사에 부정적이며 어떤 일이든 쉽게 포기한다.

반대로 하나님에 대한 믿음과 구원의 확신이 있는 사람은 매사에 긍정적이고 활기차며 적극적이다. 고난과 어려움이 찾아와도 소망을 잃지 않으며 기쁨과 감사를 결코 빼앗기지 않는다. 이는 삶을 밝게 하는 하나님의 빛이 그 사람 가까이에서 환히 비추고 있기 때문이다. 말씀을 신뢰하고 견고히 붙잡으면 하나님의 임재를 체험할 뿐만 아니라 말씀이 자신의 삶에 그대로 이루어지는 것을 경험하게 된다.

＊ 하나님의 말씀을 먹는 방법(「거룩한 독서」에서 발췌)
1) 성경말씀을 작은 소리로 천천히 읽는다.
2) 침묵하면서 마음에 와 닿는 성경 구절을 택해 기억 속에 간직한다.
3) 선택된 하나님의 말씀을 쪽지에 적어 간직한다.
4) 성경말씀을 일할 때나 쉴 때나 기다릴 때 걸을 때, 가능한 한 자주 되새긴다(음식물을 씹으면 자양분이 몸속으로 스며들듯이 성경 구절을 되새기면 말씀의 깊이를 발견하게 된다).
5) 한적한 곳, 방해 받지 않는 곳을 정해 집중하는 것이 좋다.
6) 성경말씀이 머리에서 마음으로 각인 될 수 있도록 아주 천천히 되뇌인다(말씀이 완전히 내 안에 녹아 들어가면 말씀과 내가 하나가 된다. 바울은 갈라디아서 2장 20절에서 "내가 살고 있지만 내가 사는 것이 아니라 그리스도께서 내 안에 살고 계신다"라고 표현하듯이 말씀과 내가 하나가 되는 것이다).
7) 성령의 움직임 안에 자연스럽게 되풀이 한다. 그러다 보면 새로운 영감들이 떠오른다(단, 인위적인 상상을 하지 말라. 성령의 인도를 받는 것이 중요하다. 이때 성령의 음성을 듣게 된다. 하나님의 음성을 듣는 순간 그 어떤 환경이나 고통도 이겨낼 수 있게 된다).
8) 감사기도로 마쳐라.

A. 단계별 맞춤 치료가 필요하다(성경말씀도 골라서 먹어야 한다)

에스겔 3:3을 보면 "내게 이르시되 인자야 내가 네게 주는 이 두루마리로 네 배에 넣으며 네 창자에 채우라 하시기에 내가 먹으니 그것이 내 입에서 달기가 꿀 같더라"라고 기록되어 있다. 하나님의 말씀이 송이 꿀과 같이 단 경험을 하기까지는 상황에 적절한 말씀을 읽고, 힘을 얻게 되었을 때 얻게 되는 기쁨이다.

✽ 죄의식

사람 속에서 죄가 사람과 하나님 사이의 교통에 장애가 되었기 때문에 하나님과 격리된 느낌을 갖는다. 이뿐 아니라 우리 속의 범죄의 느낌은 우리 마음속에서 사탄에게 우리를 참소할 기회를 준다. 그러므로 하나님 앞에서 밤낮으로 형제들을 참소하던 자(계12:10) 사단은 **"너는 죄를 범했다"**고 말한다.

예) 한 자매는 죄책감에 시달리다 보니, 자신이 행한 과거의 모든 잘못들이 떠오를 때마다 심한 우울증을 겪고 있었다. 이런 사람들은 잠을 이루지 못하고 불면증까지 갖게 되는데, 자기를 정죄할 뿐만 아니라, 남편의 신앙생활까지도 흠을 잡고 정죄하기 일수였다. 겉모습은 신실한 성도처럼 제가 부족해서 하나님께 죄를 지었다고 회개의 형태를 취하지만, 사단의 조소를 계속 받고 시달리고 있는 것이다. 그래서 예수 그리스도의 속죄의 능력을 묵상하도록 하였다. 그랬더니 자기의 논리를 포기하고 자책을 멈추었다.

다음은 죄의식(자책)에 대해 대적하게 하는 말씀들이다.
먼저 우리의 죄가 그리스도의 보혈로 말미암아 처리되었다는 사실을 알아야 한다. 요한일서 1장 7절 "그 아들 예수의 피가 우리를 모든 종류의 죄(every sin)에서 깨끗하게 하실 것이요"

다비는 모든 종류의 죄(every sin) "큰 죄, 작은 죄, 아주 검은 죄, 그렇게 검게 보이지 않는 죄, 우리 생각에 용서받을 수 있는 죄 또는 도저히 용서받을 수 없는 죄, 의식하는 죄, 의식하지 못하는 죄, 기억하는 죄, 이미 잊어버린 죄 모두가 '모든 종류의 죄' 라는 단어 안에 포함한다"고 말하였다.

로마서 8:1-2절에도 "그러므로 이제 그리스도 예수 안에 있는 자에게는 결코 정죄함이 없나니 이는 그리스도 예수 안에 있는 생명의 성령의 법이 죄와 사망의 법에서 너를 해방하였음이라" 선포한다.

로마서 3:24-26 "그리스도 예수 안에 있는 구속으로 말미암아 하나님의 은혜로 값없이 의롭다 하심을 얻은 자 되었느니라 이 예수를 하나님이 그의 피로 인하여 믿음으로 말미암은 화목 제물로 세우셨으니 이는 하나님께서 길이 참으시는 중에 전에 지은 죄를 간과하심으로 자기의 의로우심을 나타내려 하심이니 곧 이 때에 자기의 의로우심을 나타 내사 자기도 의로우시며 또한 예수 믿는 자를 의롭다 하려 하심이니라"

히브리서 10:12-20 "오직 그리스도는 죄를 위하여 한 영원한 제사를 드리시고 하나님 우편에 앉으사 그 후에 자기 원수들을 자기 발등상이 되게 하실 때까지 기다리시나니 그가 거룩하게 된 자들을 한 번의 제사로 영원히 온전하게 하셨느니라 또한 성령이 우리에게 증언하시되 주께서 이르시되 그 날 후로는 그들과 맺을 언약이 이것이라 하시고 내 법을 그들의 마음에 두고 그들의 생각에 기록하리라 하신 후에 또 그들의 죄와 그들의 불법을 내가 다시 기억하지 아니하리라 하셨으니 이것들을 사하셨은즉 다시 죄를 위하여 제사 드릴 것이 없느니라 그러므로 형제들아 우리가 예수의 피를 힘입어 성소에 들어갈 담력을 얻었나니 그 길은 우리를 위하여 휘장 가운데로 열어 놓으신 새로운 살 길이요 휘장은 곧 그의 육체니라"

이처럼 그리스도의 피가 이미 하나님을 만족케 하였다. 하나님께서 능히 우리 죄를 처리하여 주실 수 있지만, 하나님은 사단의 참소 아래 있는 사람을 처리하실 수 없다. 그것은 그 사람이 그리스도의 피를 신뢰하지 않기 때문이다. 비록 그리스도가 그를 위하여 죽었으므로 모든 종류의 죄에서 깨끗함을 받았다고 말을 할지라도 그가 돌이켜 사탄의 말을 듣는다면 그리스도의 피의 능력은 나타내지 못한다.

그리스도가 우리의 변호자이시지만, 사단의 편에 서있으면 어찌할 수 없는 것이다.

온전히 주 예수를 바라보고 어린양의 피가 각종 죄들을 깨끗하게 씻어 주셨다는 이 말씀 위에 서야 한다. 절대로 우리의 선한 행실로 사탄에게 대적하지 말고 그리스도의 보혈의 피로 그를 대적하라.

주님께서는 어부였던 베드로와 야고보와 요한을 부르시고 세리 레위를 제자로 부르시는 놀라운 장면이 나온다. 베드로도 자신이 죄인이라고 고백했지만 당시 세리의 죄인 됨의 정도와 깊이는 사람들의 눈으로 볼 때 상상을 초월했다. 더욱이 예수님의 제자 셋은 모두 세리 레위에게 세금 명목으로 착취를 당했을 것이다.

비난의 대상인 죄인 중의 죄인을 부르다니 그들은 이해하지 못했을 것이다. 그러나 부정한 자를 깨끗하게 하시고 죄 사하는 것이 예수님의 구원사역의 목적이시기에 부정한 죄인 세리를 제자로 부르신 것이다.

주님은 현장에서 간음하다 붙잡혀 온 여인에게 이렇게 말씀하신다.

요한복음 8:11 "대답하되 주여 없나이다 예수께서 가라사대 나도 너를 정죄하지 아니하노니 가서 다시는 죄를 범치 말라 하시니라"

요한복음 5:14 "그 후에 예수께서 성전에서 그 사람을 만나 이르시되 보라 네가 나았으니 더 심한 것이 생기지 않게 다시는 죄를 범치 말라 하시니"

주님이 죄를 사하시고, 정죄치 않으시는데 스스로 자책하고 자신을 굴레와 속박에 씌워 나오려 하지 않고 있다. 주님이 원하시는 것은 십자가의 피의 공로를 믿음으로 받아들이고, 돌이켜 다시 범죄치 않는 것이다.

* 공황장애

공황장애는 갑자기 길을 걷다가 나타나거나 혹은 밀폐공간이나 혐오시설을 만나면 순간적으로 찾아온다. 호흡이 곤란해지고 죽을 것 같은 공포가 밀려온다. 필자도 공황장애와 폐쇄공포증(엘리베이터나 MRI 촬영기속이나 밀폐된 곳에 있으면 느끼는 불안장애)에 시달린 경험이 있다. 〈사랑과 영혼〉이라는 영화를 보던 중, 내 영혼이 빠져 나가는 느낌을 받아 불안해서 영화를 계속 볼 수 없었던 기억도 있다. 이때 필요한 말씀들이다.

요한일서 5:18 "하나님께로부터 난 자는 다 범죄하지 아니하는 줄을 우리가 아노라 하나님께로부터 나신 자가 그를 지키시매 악한 자가 그를 만지지도 못하느니라"

"하나님께로서 난 자마다 범죄치 아니하는 줄을 우리가 아노라" 이 본문은 해석해 볼 필요가 있다. 어떤 사람은 이 말씀을 읽고 범죄하기 때문에 자신은 하나님께로 나지 않았다고 생각하는 사람도 있기 때문이다.

본문에 대한 해석은 두 가지이다.
1) 앞 절과 관련시켜서 믿는 자들은 사망에 이르는 죄를 짓지 아니한다는 의미라고 주장한다(Calvin).
2) "범죄치 아니하는"에 해당하는 헬라어 'ouch hamartanei(우크 하마르타네이)'가 현재에도 계속되는 동작을 나타내는 현재시재라는 점에 주목하여 믿는 자는 계속 반복되는 범죄나 습관적으로 반복하는 범죄를 저지르지 않는다는 의미라고 주장한다(Stott). 두 가지 견해는 나름대로의 타당성을 지닌다.

"하나님께로서 나신 자가 저를 지키시매 악한 자가 저를 만지지도 못하느니라" "하나님께로서 나신 자"(ho gennētheis ek tou theou, '호 겐네데이스 에크 투 데우')는 그리스도를 가리킨다.

그 이유는 두 가지이다. 상반절의 '하나님께로부터 난 자 모두'는 많은 사람을 가리키는 복수인 반면에 하반절의 '하나님께로부터 나신 자'는 단수이기 때문이며, 완료분사형인 반면에 '나신 자(겐네데이스)'는 부정과거형으로 예수 그리스도의 출생이라는 특별한 역사적 사건을 가리키기 때문이다.

예수 그리스도께서 믿는 자들을 지키시고 보호하신다는 개념은 신약성경 도처에서 찾아볼 수 있다.

유다서 1:24-25절에도 **"능히 너희를 보호하사 거침이 없게 하시고 너희로 그 영광 앞에 흠이 없이 기쁨으로 서게 하실 이 곧 우리 구주 홀로 하나이신 하나님께 우리 주 예수 그리스도로 말미암아 영광과 위엄**

과 권력과 권세가 영원 전부터 이제와 영원토록 있을지어다 아멘"

요한도 역시 그리스도께서 믿는 자들을 악과 사단의 영향력에서 보전하실 것임을 선언하고 있다.

요한복음 17:12 "내가 그들과 함께 있을 때에 내게 주신 아버지의 이름으로 그들을 보전하고 지키었나이다 그 중의 하나도 멸망하지 않고 다만 멸망의 자식뿐이오니 이는 성경을 응하게 함이니이다"

(※ 참고 : 시18, 23, 121, 139편, 사43:1~2, 마28:20)

* 불안, 초조, 두려움 : 이 상태가 심해지면 공황장애로 발전된다

다윗은 자기 불안한 심정을 이렇게 토로하고 있다. "**나는 물같이 쏟아졌으며 내 모든 뼈는 어그러졌으며 내 마음은 촛밀 같아서 내 속에서 녹았으며**"(시22:14)

우울증 환자들도 '내가 두려움에 떠는 것이 근거 없다' 는 사실을 안다. 하지만 이론적으로는 인정을 해도 막상 공포를 유발하는 공격에 직면하면 극도의 공포와 불안에 시달린다. 그 대처방법 중 하나가 '탈감각 치료법' 이다. 공포심이 불필요하다고 강조하면서 일부러 공포자극에 조금씩 노출시키는 것이다. 환자는 '괜찮다' 는 경험을 쌓게 되면 자신감을 갖게 된다.

예) TV를 보다가 미친다는 말을 듣거나 그와 유사한 장면이 나오면 미칠 것 같다. 그러나 그 장면을 회피하지 말고 맞서는 것이다(그러나 쉽지 않다. 어느 정도 회복된 사람에게 적용해야 한다).

예) 한 학생이 ○○병원에서 엄마를 잃었다. 그곳을 가거나, 보거나, 그 병원에 대한 이야기를 듣기만 하여도 엄마의 죽음이 클로즈업

되어 두려워 하였다. 그래서 일부러 방향이 다른 버스를 타고 다녔다. 상담 후, 기도해 주고 대적기도 방법을 알려 주고 ○○병원 방향 버스를 타게 했다. 여러 번 실패를 반복했고 그런 날은 잠을 자지 못하고 울기도 하였다. 어느 날인가 자신도 모르게 담대하게 물리쳤다. 그리고 불안과 두려움이 그에게 다시 오지 않았다고 한다. 피하면 계속 얽매이게 된다.

2차 세계대전 때 전쟁터에서 죽은 사람보다 전쟁에 대한 두려움으로 인한 심장병 때문에 죽은 사람이 더 많았다고 한다. 두려움은 초청하지 않아도 찾아온다. 그러나 더 큰 문제는 두려움 자체보다 두려워하는 마음이다.

초원에서 소를 돌보는 한 카우보이가 위대한 교훈을 찾아냈는데, 보통 소들은 매섭고 차가운 겨울바람을 등지고 이동하다가 울타리에 가로막히면 먼저 나가려고 싸운다. 그러다가 서로 뒤엉켜 압사하는 사고가 종종 발생한다. 그러나 '헤리퍼드종' 이라는 소들은 겨울바람에 정면으로 맞서며 나아가기 때문에 울타리를 피할 수 있어 한 마리도 죽지 않는다는 것이다.

여기서 우리가 깨달아야 할 교훈은 '인생살이에서 폭풍우를 정면으로 맞서라!' 는 것이다.

두려움을 피하지 말고 믿음으로 맞서라. 주께서는 막5:36에 "회당장에게 이르시되 두려워 말고 믿기만 하라 하시고"라고 말씀하신다.

골리앗 앞에선 이스라엘 군사들처럼 우리가 공포에 사로잡힐 때, 먼저 알아야 할 것은, 이 불안과 공포가 어디서 왔는가를 찾는 것이다. 하나님께서는 우리에게 염려 근심, 불안한 마음을 주시지 않으신다.

디모데후서 1:7을 보면 "하나님이 우리에게 주신 것은 두려워하는 마음이 아니요 오직 능력과 사랑과 근신하는 마음이니" 그 불안과 두려움의 출처는 하나님이 아닌 사단에게서 온 것이다. 그렇다면 그 불안을 묵상할 필요가 없지 않은가? 이 상황에 처해있던 여호수아의 극복 방법을 찾아보자.

여호수아 1장 내용이다. 모세는 떠나고 홀로 남아 이제 이스라엘백성을 이끌어야 할 여호수아는 장막에서 두려워 떨고 있었다. 이때 하나님은 여호수아에게 나타나셔서 이렇게 말씀하신다.

"1여호와의 종 모세가 죽은 후에 여호와께서 모세의 수종자 눈의 아들 여호수아에게 말씀하여 이르시되 2 내 종 모세가 죽었으니 이제 너는 이 모든 백성과 더불어 일어나 이 요단을 건너 내가 그들 곧 이스라엘 자손에게 주는 그 땅으로 가라 3 내가 모세에게 말한 바와 같이 너희 발바닥으로 밟는 곳은 모두 내가 너희에게 주었노니 4 곧 광야와 이 레바논에서부터 큰 강 곧 유브라데강까지 헷 족속의 온 땅과 또 해 지는 쪽 대해까지 너희의 영토가 되리라 5 네 평생에 너를 능히 대적할 자가 없으리니 내가 모세와 함께 있었던 것 같이 너와 함께 있을 것임이니라 내가 너를 떠나지 아니하며 버리지 아니하리니 6 강하고 담대하라 너는 내가 그들의 조상에게 맹세하여 그들에게 주리라 한 땅을 이 백성에게 차지하게 하리라 7 오직 강하고 극히 담대하여 나의 종 모세가 네게 명령한 그 율법을 다 지켜 행하고 우로나 좌로나 치우치지 말라 그리하면 어디로 가든지 형통하리니 8 이 율법책을 네 입에서 떠나지 말게 하며 주야로 그것을 묵상하여 그 안에 기록된 대로 다 지켜 행하라 그리하면 네 길이 평탄하게 될 것이며 네가 형통하리라 9 내가 네게 명령한 것이 아니냐 강하고 담대하라 두려워하지 말며 놀라지 말라 네가 어디로 가든지 네 하나님 여호와가 너와 함께 하느니라 하시니라 10 이에 여호수아가 그 백성들의 관리들에게 명령하여 이르되 11 진중에 두루 다니며 그 백성에게 명령하여 이르기를 양식을 준비하라 사흘 안에 너희가 이 요단을 건너 너희의 하나님 여호와께서 너희에게 주사 차지하게 하시는 땅을 차지하기 위하여 들어갈 것임이니라 하라"

"두려워 떨지 말라 내가 너와 함께할 것이니 강하고 담대하라"고 말씀하신다.

이사야 41:10절에도 "두려워하지 말라 내가 너와 함께 함이라 놀라지 말라 나는 네 하나님이 됨이라 내가 너를 굳세게 하리라 참으로 너를 도와 주리라 참으로 나의 의로운 오른손으로 너를 붙들리라"

불안과 두려움이 엄습할 때, 하나님의 말씀에 귀 기울이는 것이다. 그리고 확신하고 그 말씀 안에 거하는 것이다.

(※ 참고 : 시28:7, 42:5, 46:1, 시138:7, 시3:6, 시23:4, 시27:1)

＊ 죽음에 대한 두려움

욥은 희망의 불씨가 꺼지고 죽음의 그늘이 짙어지자 순응하는 장면이 나온다.

욥기 17:1-16절이다. "1 나의 기운이 쇠하였으며 나의 날이 다하였고 무덤이 나를 위하여 준비 되었구나 2 나를 조롱하는 자들이 나와 함께 있으므로 내 눈이 그들의 충동함을 항상 보는구나 3 청하건대 나에게 담보물을 주소서 나의 손을 잡아 줄 자가 누구리이까 4 주께서 그들의 마음을 가리어 깨닫지 못하게 하셨사오니 그들을 높이지 마소서 5 보상을 얻으려고 친구를 비난하는 자는 그의 자손들의 눈이 멀게 되리라 6 하나님이 나를 백성의 속담거리가 되게 하시니 그들이 내 얼굴에 침을 뱉는

구나 7 내 눈은 근심 때문에 어두워지고 나의 온 지체는 그림자 같구나 8 정직한 자는 이로 말미암아 놀라고 죄 없는 자는 경건하지 못한 자 때문에 분을 내나니 9 그러므로 의인은 그 길을 꾸준히 가고 손이 깨끗한 자는 점점 힘을 얻느니라 10 너희는 모두 다시 올지니라 내가 너희 중에서 지혜자를 찾을 수 없느니라 11 나의 날이 지나갔고 내 계획, 내 마음의 소원이 다 끊어졌구나 12 그들은 밤으로 낮을 삼고 빛 앞에서 어둠이 가깝다 하는구나 13 내가 스올이 내 집이 되기를 희망하여 내 침상을 흑암에 펴놓으매 14 무덤에게 너는 내 아버지라, 구더기에게 너는 내 어머니, 내 자매라 할지라도 15 나의 희망이 어디 있으며 나의 희망을 누가 보겠느냐 16 우리가 흙 속에서 쉴 때에는 희망이 스올의 문으로 내려갈 뿐이니라"

욥은 더 이상 삶을 영위하기조차 어려운 위기에 직면하였음을 나타내고 있다. 이전부터 자신이 고난당함으로 곧 죽게 될 것으로 생각하였다. 그리고 그는 차라리 현재와 같은 고난과 역경 속에서 사느니 차라리 하나님께서 그 자신을 음부에 숨겨달라고, 즉 죽음에 이르게 해달라고 부르짖었다.

두통과 불안에 대한 공포에 어느 정도 적응했을 때, 필자에게 다가온 또 다른 현상은 죽음에 대한 두려움이었다. 그때 시116:15에 "성도의 죽는 것을 여호와께서 귀중히 보시는도다" 말씀을 친구가 읽어 주었다. 그러나 죽음에 대한 공포는 떠나지 않고 더 두려움에 사로잡히게 되었다. 아직 죽음에 대한 준비가 되어 있지 않았기 때문이다.

이때의 응급처치는 과거를 회상하는 것이다. 나는 죽지 않는다고 말하는 것이다. 지금까지 죽지 않았다. 죽음에 대한 두려움의 현상은 있었지만, 그 일이 일어나지 않았다. 앞으로도 그렇게만 전개될 뿐이다.

공황장애로 죽는 경우는 없다. 나는 죽지 않는다. 생명은 하나님이 주관하신다. 그 누구도 하나님께서 허락하지 않으시면 어찌할 수 없다라고 사단을 향하여 선포하는 것이다. 그리고 그와 관련된 성경을 읽으라.

사무엘하 14:11을 읽어보라. "**여인이 가로되 청컨대 왕은 왕의 하나님 여호와를 생각하사 원수 갚는 자로 더 죽이지 못하게 하옵소서 내 아들을 죽일까 두려워하나이다 왕이 가로되 여호와의 사심을 가리켜 맹세하노니 네 아들의 머리카락 하나라도 땅에 떨어지지 아니하리라**" (다윗 왕은 여인에게 네 아들의 머리카락 하나라도 건들지 못하게 하겠다고 약속한다. 이처럼 주께서 우리의 생명을 지키시고 보호하신다.)

누가복음 12:7절을 보자. "**너희에게는 심지어 머리털까지도 다 세신 바 되었나니 두려워하지 말라 너희는 많은 참새보다 더 귀하니라**"
사단은 인간의 생명을 하나님의 허락이 없이는 절대로 해할 수가 없다(욥2:6).

* 무명시인의 하나님에 대한 러브레터
- 사랑하는 내 딸아 너는 나를 잘 모르지만 난 너의 모든 것을 알고 있단다   - 시편 139:1
- 너의 앉고 일어서는 모든 움직임과   - 시편 139:2
- 너의 머리털까지도 다 셀 수 있을 정도지   - 마태복음 10:29-31
- 나는 너를 내 형상대로 존귀하게 만들었단다   - 창세기 1:27
- 너를 복중에 짓기 전부터 나는 너를 알았고   - 예레미야 1:4-5
- 창세 전부터 너를 택하였으니   - 에베소서 1:11-12
- 너는 우연이 아닌 나의 계획 가운데 지어졌단다   - 시편 139:15-16

- 네가 태어날 정확한 때와 살 곳을 미리 정하였고 - 사도행전 17:26
- 너를 어머니의 모태에서 신묘막측하게 만들어 세상에 태어나게 하였다 - 시편 139:13-14 시편 71:6
- 나는 너의 진실한 아비이며 - 요한복음 8:41-44
- 너와 늘 함께하고 있는 완전한 사랑이니라 - 요한일서 4:16
- 이 사랑을 너에게 아낌없이 주련다 - 요한일서 3:1
- 너는 나의 자녀이고 나는 너의 아비이기 때문이란다 - 요한일서 3:1
- 나는 너에게 육신의 아비가 줄 수 없는 것을 주리니 - 마태복음 7:11
- 나는 온전한 아비이며 어미니라 - 마태복음 5:48
- 모든 좋은 선물이 다 내손에서 나오기에 - 야고보서 1:17
- 나는 너의 모든 필요를 채울 수 있는 든든한 아비니라
  - 마태복음 6:31-33
- 너를 향한 나의 생각은 평안이요 - 예레미야 29:11
- 항상 너의 장래에 소망을 주려하는 것은 - 예레미야 29:11
- 내가 무궁한 사랑으로 너를 사랑하기 때문이다 - 예레미야 31:3
- 너를 향한 나의 마음은 바다의 모래알 같아서 일일이 셀 수 조차 없구나 - 시편 139:17-18
- 나는 너로 인하여 기쁨을 이기지 못하여하시며 - 스바냐 3:17
- 너에게 복 주기를 그치지 아니하리니 - 예레미야 32:40
- 너는 나의 소중한 보물이란다 - 출애굽기 19:5
- 네가 마음을 다하여 나를 찾으면 나를 만나게 되리니 - 신명기 4:29
- 보아라 나는 너에게 크고 비밀한 일을 보여주며 - 예레미야 33:3
- 나를 기뻐할 때 네 마음의 소원을 이루어 주리라 - 시편 37:4
- 내 딸아! 너의 모든 환난 중에서 너를 위로하며 - 고린도후서 1:3-4
- 너의 마음이 상하여 낙심할 때 너를 더욱 가까이 하리니 - 시편 34:18

- 나는 너의 위로자니라   - 데살로니가후서 2:16-17
- 목자 같이 내가 너를 품에 안아 인도하며   - 이사야 40:11
- 언젠가 네 눈의 모든 눈물을 씻기고   - 요한계시록 21:3-4
- 이 땅에서 겪은 너의 모든 고통과 아픔을 다 사라지게 하리니
    - 요한계시록 21:3-4
- 내가 예수를 사랑한 것 같이 너를 사랑함이니라   - 요한복음 17:23
- 예수를 통해 너에 대한 나의 사랑을 보여주었나니   - 요한복음 17:26
- 예수는 나의 형상이라   - 히브리서 1:3
- 그를 통해 너에 대한 나의 사랑을 보여주고   - 로마서 8:31
- 너의 죄를 묻지 않았으며   - 고린도후서 5:18-19
- 너와 화목하려고 나의 아들을 죽게 하였다   - 고린도후서 5:18-19
- 그의 죽음은 너를 향한 나의 사랑이니라   - 요한일서 4:10
- 너의 사랑을 얻기 위해 나는 나의 소중한 아들을 내어주었다
    - 로마서 8:31-32
- 그렇기에 내 아들을 받아들이는 자는 나를 받아들이는 것이니라
    - 요한일서 2:23
- 내 딸아! 너를 향한 나의 사랑에서 끊을 수 있는 것은 아무것도 없구나   - 로마서 8:38-39
- 네가 돌아오는 날 하늘에서는 큰 기쁨의 잔치를 베풀리라
    - 누가복음 15:7
- 나는 언제나 너의 아비였고 앞으로도 그럴 것이니   - 에베소서 3:14-15
- 어서 나에게 돌아오렴! 지금도 두 팔을 벌려서 너를 애타게 기다리고 있단다   - 누가15:11-32

너를 사랑하는 아비로부터

이사야 49:14-18 이렇게 말씀하고 있다. "오직 시온이 이르기를 여호와께서 나를 버리시며 주께서 나를 잊으셨다 하였거니와 여인이 어찌 그 젖 먹는 자식을 잊겠으며 자기 태에서 난 아들을 긍휼히 여기지 않겠느냐 그들은 혹시 잊을지라도 나는 너를 잊지 아니할 것이라 내가 너를 내 손바닥에 새겼고 너의 성벽이 항상 내 앞에 있나니 네 자녀들은 빨리 걸으며 너를 헐며 너를 황폐하게 하던 자들은 너를 떠나가리라 네 눈을 들어 사방을 보라 그들이 다 모여 네게로 오느니라 나 여호와가 이르노라 내가 나의 삶으로 맹세하노니 네가 반드시 그의 모든 무리를 장식처럼 몸에 차며 그것을 띠기를 신부처럼 할 것이라"

* 분노
상처를 입힌 사람에 대한 분노와 증오심으로 하루에도 몇 번씩 죽이고 싶은 마음에 사로잡히기에 통제하기 어렵다. 기도하려고 해도 기도가 안 된다.

이럴때는 시109편을 묵상하면서 하나님께 아뢰는 방법을 취하라.
시109편 "1 내가 찬양하는 하나님이여 잠잠하지 마옵소서 2 그들이 악한 입과 거짓된 입을 열어 나를 치며 속이는 혀로 내게 말하며 3 또 미워하는 말로 나를 두르고 까닭 없이 나를 공격하였음이니이다 4 나는 사랑하나 그들은 도리어 나를 대적하니 나는 기도할 뿐이라 5 그들이 악으로 나의 선을 갚으며 미워함으로 나의 사랑을 갚았사오니 6 악인이 그를 다스리게 하시며 사탄이 그의 오른쪽에 서게 하소서 7 그가 심판을 받을 때에 죄인이 되어 나오게 하시며 그의 기도가 죄로 변하게 하시며 8 그의 연수를 짧게 하시며 그의 직분을 타인이 빼앗게 하시며 9 그의 자녀는 고아가 되고 그의 아내는 과부가 되며 10 그의 자녀들은 유리하며 구걸하고 그들의 황폐한 집을 떠나 빌어먹게 하소서 11 고리대금하는 자가 그의 소유를 다 빼앗게 하시며 그가 수고한 것을 낯선 사람이 탈취하게 하시며 12 그에게 인애를 베풀 자가 없게 하시며 그의 고아에게 은혜를 베풀 자도 없게 하시며 13 그의 자손이 끊어지게 하시며 후대에 그들의 이름이 지워지게 하소서 14 여호와는 그의 조상들의 죄악을 기억하시며 그의 어머니의 죄를 지워 버리지 마시고 15 그 죄악을 항상 여호와 앞에 있게 하사 그들의 기억을 땅에서 끊으소서 16 그가 인자를 베풀 일을 생각하지 아니하고 가난하고 궁핍한 자와 마음이 상한 자를 핍박하여 죽이려 하였기 때문이니이다 17 그가 저주하기를 좋아하더니 그것이 자기에게 임하고 축복하기를 기뻐하지 아니하더니 복이 그를 멀리 떠났으며 18 또 저주하기를 옷 입듯 하더니 저주가 물 같이 그의 몸 속으로 들어가며 기름 같이 그의 뼈 속으로 들어갔나이다 19 저주가 그에게는 입는 옷 같고 항상 띠는 띠와 같게 하소서 20 이는 나의 대적들이 곧 내 영혼을 대적하여 악담하는 자들이 여호와께 받는 보응이니이다 21 그러나 주 여호와여 주의 이름으로 말미암아 나를 선대하소서 주의 인자하심이 선하시오니 나를 건지소서 22 나는 가난하고 궁핍하여 나의 중심이 상함이니이다 23 나는 석양 그림자 같이 지나가고 또 메뚜기 같이 불려 가오며 24 금식하므로 내 무릎이 흔들리고 내 육체는 수척하오며 25 나는 또 그들의 비방거리라 그들이 나를 보면 머리를 흔드나이다 26 여호와 나의 하나님이여 나를 도우시며 주의 인자하심을 따라 나를 구원하소서 27 이것이 주의 손이 하신 일인 줄을 그들이 알게 하소서 주 여호와께서 이를 행하셨나이다 28 그들은 내게 저주하여도 주는 내게 복을 주소서 그들은 일어날 때에 수치를 당할지라도 주의 종은 즐거워하리이다 29 나의 대적들이 욕을 옷 입듯 하게 하시며 자기 수치를 겉옷 같이 입게 하소서 30 내가 입으로 여호와께 크게 감사하며 많은 사람 중에서 찬송하리니 31 그가 궁핍한 자의 오른쪽에 서사 그의 영혼을 심판하려 하는 자들에게서 구원하실 것임이로다"

사람의 방법이 아닌 하나님의 방법으로 싸워야 한다. 가해자를 향한 증오심을 가지고 직접 대항하는 것이 아니라, 하나님이 대신 처벌해 달라고 호소하는 것이다.

성경은 원수 갚는 것이 하나님께 있다고 말씀하신다. 주께서 징벌하시도록 위임하는 것이 최상의 선택이다. 전쟁 중에도 장군의 칼에는 피를 묻히지 않는다고 한다. 왜 내 칼로 처리하려고만 하는가?

✱ 민수기 12장을 보면 알 수 있다

"1절 모세가 구스 여자를 취하였더니 그 구스 여자를 취하였으므로 미리암과 아론이 모세를 비방하니라 2 그들이 이르되 여호와께서 모세와만 말씀하셨느냐 우리와도 말씀하지 아니하셨느냐 하매 여호와께서 이 말을 들으셨더라 3 이 사람 모세는 온유함이 지면의 모든 사람보다 더하더라 4 여호와께서 갑자기 모세와 아론과 미리암에게 이르시되 너희 세 사람은 회막으로 나아오라 하시니 그 세 사람이 나아가매 5 여호와께서 구름 기둥 가운데로부터 강림하사 장막 문에 서시고 아론과 미리암을 부르시는지라 그 두 사람이 나아가매 6 이르시되 내 말을 들으라 너희 중에 선지자가 있으면 나 여호와가 환상으로 나를 그에게 알리기도 하고 꿈으로 그와 말하기도 하거니와 7 내 종 모세와는 그렇지 아니하니 그는 내 온 집에 충성함이라 8 그와는 내가 대면하여 명백히 말하고 은밀한 말로 하지 아니하며 그는 또 여호와의 형상을 보거늘 너희가 어찌하여 내 종 모세 비방하기를 두려워하지 아니하느냐 9 여호와께서 그들을 향하여 진노하시고 떠나시매 10 구름이 장막 위에서 떠나갔고 미리암은 나병에 걸려 눈과 같더라 아론이 미리암을 본즉 나병에 걸렸는지라 11 아론이 이에 모세에게 이르되 슬프도다 내 주여 우리가 어리석은 일을 하여 죄를 지었으나 청하건대 그 벌을 우리에게 돌리지 마소서 12 그가 살이 반이나 썩어 모태로부터 죽어서 나온 자 같이 되지 않게 하소서 13 모세가 여호와께 부르짖어 이르되 하나님이여 원하건대 그를 고쳐 주옵소서 14 여호와께서 모세에게 이르시되 그의 아버지가 그의 얼굴에 침을 뱉었을지라도 그가 이레 동안 부끄러워하지 않겠느냐 그런즉 그를 진영 밖에 이레 동안 가두고 그 후에 들어오게 할지니라 하시니 15 이에 미리암이 진영 밖에 이레 동안 갇혀 있었고 백성은 그를 다시 들어오게 하기까지 행진하지 아니하다가 16 그 후에 백성이 하세롯을 떠나 바란 광야에 진을 치니라"

이방인과의 결혼으로 인한 형제들의 비방에서 시작되었지만, 실상은 통치권에 대한 시기와 질투에서 비롯된 것이다. 비방을 감수하며 모세는 단 한 마디도 대항치 않는다. 모세는 온유함으로 하나님께 맡기고 인내로 감내한다. 그 모습을 보던 하나님이 모세를 변론해 주신다. 그리고 하나님이 처리하신다.

아무리 억울한 일을 만났다고 하더라도 그 억울함에 분노하고 증오심에 불타게 되면 자기 자신을 자학하게 되므로 정신적으로, 육체적으로 질병을 초래하게 된다. 그러므로 그 억울함을 하나님께 가지고 가는 것이 사전 예방책이다.

그럼, 어떻게 하면 사단이 뿌려 놓은 생각을 통제할 수 있을까? 그 답은 진리의 말씀 안에 서는 것이다. 말씀을 마음에 새기고 온유한 마음으로 받을 때 우리 안에 있는 사단의 생각을 통제할 수 있다.

하나님의 말씀은 성령의 검이다. 기록된 말씀은 예수님이 광야에서 사탄의 시험을 이기실 수 있었던 유일한 영적 무기였다. 말씀을 마음에 새기고 무의식 속에서도 말씀이 우리 안에 자리 잡게 하는 것이고 성경 말씀을 암송하는 것도 좋은 방법이다.

조용기 목사는 4차원의 영성에서 이렇게 말하였다. 폐암 환자가 기도 받으로 왔을 때, 베드로전서 2:24절 "친히 나무에 달려 그 몸으로 우리 죄를 담당하셨으니 이는 우리로 죄에 대하여 죽고 의에 대하여 살게 하려 하심이라 그가 채찍에 맞음으로 너희는 나음을 얻었나니"라는 말씀을 주시면서 치료 받았음을 믿으라고 말했다고 한다. 그런데 환자는 믿어지지 않는다고 말하자, 그럼 벧전2:24절을 1000번 종이에 쓰라고 하였다. 그런데 그 말씀을 기록하는 중에 자신도 모르게 주님의 고통이 느껴지고 눈물이 나오면서 그가 채찍에 맞으므로 나음을 입었다는 말씀이 믿어졌고, 병도 고침을 받았다고 말하였다.

* 원수에 대한 주님의 말씀이다

마태복음 5:43-44 "또 네 이웃을 사랑하고 네 원수를 미워하라 하였다는 것을 너희가 들었으나 나는 너희에게 이르노니 너희 원수를 사랑하며 너희를 핍박하는 자를 위하여 기도하라"

누가복음 6:35 "오직 너희는 원수를 사랑하고 선대하며 아무것도 바라지 말고 빌리라 그리하면 너희 상이 클 것이요 또 지극히 높으신 이의 아들이 되리니 그는 은혜를 모르는 자와 악한 자에게도 인자로우시니라"

원수에 대해 우리가 선대하고 사랑하며 그들을 위해 기도해야 할 것은 그 원수가 바로 나 자신인 것을 알아야 한다. 나 또한 하나님의 원수 된 자였다는 사실이다. (롬5:10) 원수 된 나를 하나님께서 사랑하셨으므로 내가 하나님과 화목하게 되었고 구원을 얻게 된 것 아닌가? 그러므로 나 또한 원수를 사랑으로 대해야 하는 것이 마땅하다.

마태복음 18:21절에 보면 "그때에 베드로가 나아와 가로되 주여 형제가 내게 죄를 범하면 몇 번이나 용서하여 주리이까 일곱 번까지 하오리이까" 22절이다. "예수께서 이르시되 네게 이르노니 일곱 번뿐 아니라 일곱 번을 일흔 번까지라도 할지니라"

마태복음 18:35 "너희가 각각 중심으로 형제를 용서하지 아니하면 내 천부께서도 너희에게 이와 같이 하시리라"

로마서 12:19-20 "내 사랑하는 자들아 너희가 친히 원수를 갚지 말고 진노하심에 맡기라 기록되었으되 원수 갚는 것이 내게 있으니 내가 갚으리라고 주께서 말씀하시니라 네 원수가 주리거든 먹이고 목마르거든 마시우라 그리함으로 네가 숯불을 그 머리에 쌓아 놓으리라"

(※ 참고 : 마18:23-35; 눅6:35; 엡4:30~32)

분노를 잠재울 수 있는 것은 먼저 나에게 발생한 그 문제와 사건에 대한 이해가 있어야 한다.

필자의 경우 하나의 대지 지번이 두 사람의 소유였다. 분할을 하고 서로의 이름으로 같이 등재되어 있었다. 그래서 상대방이 팔 때 순수하게 도장을 찍어 매각케 하였다. 이번에 우리가 팔게 되어 도장을 찍어 줄 것을 요구하자 매매 계약을 체결하고 잔금을 치루는 날 도장을 찍기를 거부했다. 그러면서 돈을 요구하는 것이었다. 하는 수 없이 얼마의 돈을 주고 매매하였다. 부모님은 뇌졸중으로 쓰러진 후여서 알릴 수가 없었다. 너무 분해, 잠을 이룰 수가 없어 기도할 수밖에 없었다. 하나님께서 그렇게 되어진 이유를 깨닫게 하셨다. 옛날 그분이 돈을 키워달라고 해서 아버지께서 돈을 불려 준 적이 있었고 욕심에 한

번 더 키워 달라고 하자 돈을 빌려 준 후에 받지 못하게 된 일이 있었음을 알게 하셨다. 이해하게 되니, 분노가 사라지고 마음에 안정을 찾은 적이 있다.

또 하나는 하나님의 진노와 심판에 맡기는 것이다.
하나님의 심판은 보이지 않지만 맷돌처럼 천천히 그렇지만 완전하게 심은 대로 갚으실 터인데, 그 끔찍한 심판을 생각할 때 그 원수의 영혼이 불쌍하지 않은가?
어떤 표현으로도 그 분노를 긍휼과 사랑으로 바꿔놓을 수 없다. 그러나 그 영혼을 불쌍히 여김을 달라고 하나님께 구하라. 처음부터 잘 되지 않겠지만, 야곱을 죽이려고 400인을 데리고 찾아오던 에서의 분노가 눈 녹듯이 사라지듯이 여러분의 분노도 사랑으로 바뀔 것이다. 그 길을 찾는 것이 내가 사는 길이기 때문이다.

예) 시골에서 자란 소년은 이웃집 사람으로 인해 아버지가 돌아가시자, 반드시 복수하겠다는 일념으로 공부하여 검사가 되었다고 한다. 비로소 원수를 갚을 기회가 왔으나 몸에 이상이 생겨 병원에 가보니, 암에 걸려 얼마 살지 못한다는 진단을 받았다고 한다. 원수 갚기 전에 자신이 먼저 죽게 된 것이다. 용서하지 못하고 가슴에 한을 품고 사는 것은 원수를 갚기도 전에 자신을 먼저 죽이는 자해행위임을 알아야 한다.
믿음의 선배들은 이런 경우 수세기에 걸쳐 시편으로부터 도움을 받았다. 시편의 기자들이 절망 가운데서 시편을 썼기 때문이다. 시편 150편 가운데 도움이 될 만한 48편을 소개한다. 시6, 13, 18, 23, 25, 27, 31, 32, 34, 37, 38, 39, 40, 42, 43, 46, 51, 57, 62, 63, 69, 71, 73,

77, 84, 86, 90, 91, 94, 95, 103, 104, 107, 110, 116, 118, 121, 123, 124, 130, 138, 139, 141, 143, 146, 147편.

이 시편들을 큰 소리로 읽어 보는 것이 중요하다. 시편을 통해서 우울과 두려움, 포기하고픈 감정을 억제하고 하나님에 대한 믿음과 소망을 고백할 수 있게 하기 때문이다.

마가복음 5장에 보면 12년 동안 혈루증으로 많은 의원들에게 모든 가산을 탕진한 여인이 믿음으로 주님의 옷자락에 손을 대자 깨끗하게 고침을 받은 사건이 기록되어 있다. 현대를 살아가는 우리는 주님을 볼 수도 옷자락을 만질 수도 없다. 그러나 지금 우리가 주님이 옷자락에 손을 댈 수 있는 방법이 있다. 그것은 하나님이신 말씀을 붙잡는 것이다. 말씀은 예수님이시다(요1:1,14). 말씀을 믿음으로 붙드는 것이다. 요15:7절에 이렇게 말씀하신다. **"너희가 내 안에 거하고 내 말이 너희 안에 거하면 무엇이든지 원하는 대로 구하라 그리하면 이루리라"** 말씀을 붙잡는 것은 주님을 붙잡는 것이고, 주님 안에 거하는 것이기 때문에 그 말씀대로 이루어지게 되어 있다. 할렐루야! 믿기를 바란다.

11) 기도하고 금식하라(견고한 진을 파하는 강력한 힘이라)

기독교 세계는 세 종단으로 나누어져 있다. 천주교(Roman Catholic)와 동방정교회(Oriental Orthodox) 그리고 개신교(Protestant Church)이다. 천주교는 조직과 교리에 강하고 동방정교회는 영성과 기도가 강하며 개신교는 말씀과 실천이 강하다. 각 종단마다 특성이 다르나 모두가 합하여 기독교를 이룬다(물론 천주교에 대한 이단시비가 있다).

기도의 영성이 강한 동방정교회의 대표적인 책이 있다. 『예수의 기도』이다.

한 젊은 구도자(求道者)가 "쉬지 말고 기도하라"는 설교를 듣고 의문에 빠져들게 된다. '어떻게 하는 것이 쉬지 말고 기도하는 것이냐'는 의문이다. 잠도 자야 하고, 일도 해야 하고, 식사도 해야 하는데 어떻게 기도만 할 수 있느냐는 의문이었다. 이 의문에 대한 해답을 얻기 위하여 방랑의 길에 나섰다. 도중에 한 수도원의 원장을 만나게 되어 '예수의 기도'를 소개 받았다.

'예수의 기도'란 "주 예수 그리스도시여, 내게 자비를 베푸소서!"란 짧은 기도문을 수천 번, 수만 번 되풀이 하는 기도이다. 그렇게 되풀이 기도 드리는 중에 "쉬지 말고 기도 드리는 기도"의 진수를 깨닫게 된다.

이스라엘의 출애굽도 고역으로 인한 울부짖는 끊임없는 기도로부터 시작된 것이다. 이스라엘의 영적 회복도 처절하게 울부짖은 하나의 기도로 인하여 일어난 것이다.

불의한 재판관의 비유처럼 밤낮 부르짖는 과부의 청원으로 문제를 해결 받듯이 기도가 모든 문제를 해결하는 마스터키다.

A. 기도

✱ 기도 시 나타나는 현상

〈하늘 문이 열린다〉

누가복음 3:21-22 "백성이 다 세례를 받을 새 예수도 세례를 받으시고 기도하실 때에 하늘이 열리며 성령이 형체로 비둘기같이 그의 위에 강림하시더니 하늘로서 소리가 나기를 너는 내 사랑하는 아들이라 내가 너를 기뻐하노라 하시니라"

예수께서 세례 받으셨을 때 다른 복음서에서는 기록하고 있지 않지만, 누가는 기도하셨다고 기도를 강조하고 있다.

예수께서 기도하고 있는 동안 하늘이 열리고 성령께서 강림하시고 성부 하나님은 음성으로 말씀하셨다. 이 사건 이후, 예수께선 성령의 인도로 광야에서 기도하며 금식하고 사단의 시험을 받아 승리할 수 있었다.

승리의 비결은 하나님의 얼굴을 구하는 것, 기도하는 것이다. 예수께서 보여주신 위대한 역사는 기도를 통해서 시작되었다.

〈기도하라 그러면 하나님의 음성을 듣는다(베드로, 잡아 먹으라. 세례시)〉

사도행전 11:4 "베드로가 그들에게 이 일을 차례로 설명하여 5 이르되 내가 욥바 시에서 기도할 때에 황홀한 중에 환상을 보니 큰 보자기 같은 그릇이 네 귀에 매어 하늘로부터 내리어 내 앞에까지 드리워지거늘 6 이것을 주목하여 보니 땅에 네 발 가진 것과 들짐승과 기는 것과 공중에 나는 것들이 보이더라 7 또 들으니 소리 있어 내게 이르되 베드로야 일어나 잡아 먹으라 하거늘 8 내가 이르되 주님 그럴 수 없나이다 속되거나 깨끗하지 아니한 것은 결코 내 입에 들어간 일이 없나이다 하니 9 또 하늘로부터 두 번째 소리 있어 내게 이르되 하나님이 깨끗하게 하신 것을 네가 속되다고 하지 말라 하더라 10 이런 일이 세 번 있은 후에 모든 것이 다시 하늘로 끌려 올라가더라 11 마침 세 사람이 내가 유숙한 집 앞에 서 있으니 가이사랴에서 내게로 보낸 사람이라 12 성령이 내게 명하사 아무 의심 말고 함께 가라 하시매 이 여섯 형제도 나와 함께 가서 그 사람의 집에 들어가니 13 그가 우리에게 말하기를 천사가 내 집에 서서 말하되 네가 사람을 욥바에 보내어 베드로라 하는 시몬을 청하라 14 그가 너와 네 온 집이 구원 받을 말씀을 네게 이르리라 함을 보았다 하거늘 15 내가 말을 시작할 때에 성령이 그들에게 임하시기를 처음 우리에게 하신 것과 같이 하는지라 16 내가 주의 말씀에 요한은 물로 세례를 베풀었으나 너희는 성령으로 세례를 받으리라 하신 것이 생각났노라"

〈오순절 성령의 강림도 기도할 때 임하였다〉
사도행전 1:14 "여자들과 예수의 어머니 마리아와 예수의 아우들과 더불어 마음을 같이하여 오로지 기도에 힘쓰더라"
사도행전 2:1 "오순절 날이 이미 이르매 그들이 다같이 한 곳에 모였더니 2 홀연히 하늘로부터 급하고 강한 바람 같은 소리가 있어 그들이 앉은 온 집에 가득하며 3 마치 불의 혀처럼 갈라지는 것들이 그들에게 보여 각 사람 위에 하나씩 임하여 있더니 4 그들이 다 성령의 충만함을 받고 성령이 말하게 하심을 따라 다른 언어들로 말하기를 시작하니라"

〈기도 중 베드로가 구출되었다(예루살렘 교회는 기도하고 있었다)〉
사도행전 12:1 "그때에 헤롯 왕이 손을 들어 교회 중에서 몇 사람을 해하려 하여 2 요한의 형제 야고보를 칼로 죽이니 3 유대인들이 이 일을 기뻐하는 것을 보고 베드로도 잡으려 할새 때는 무교절 기간이라 4 잡으매 옥에 가두어 군인 넷씩인 네 패에게 맡겨 지키고 유월절 후에 백성 앞에 끌어내고자 하더라 5 이에 베드로는 옥에 갇혔고 교회는 그를 위하여 간절히 하나님께 기도하더라 6 헤롯이 잡아내려고 하는 그 전날 밤에 베드로가 두 군인 틈에서 두 쇠사슬에 매여 누워 자는데 파수꾼들이 문 밖에서 옥을 지키더니 7 홀연히 주의 사자가 나타나매 옥중에 광채가 빛나며 또 베드로의 옆구리를 쳐 깨워 이르되 급히 일어나라 하니 쇠사슬이 그 손에서 벗어지더라" 기도의 능력이다. 영적 전투의 승리비결이 여기에 있다.

바울은 우리에게 이렇게 말하고 있다.

"아무것도 염려하지 말고 오직 모든 일에 기도와 간구로 **너희** 구할 것을 감사함으로 하나님께 아뢰라 7 그리하면 모든 **지각**에 뛰어난 하나님의 평강이 그리스도 예수 안에서 **너희** 마음과 생각을 **지키시리라**"(빌4:6-7)

근심과 걱정이 없는 사람은 아무도 없다. 그것이 현실이다. 그렇다고 염려한다고 키를 한 자나 크게 할 수도 없다(마6:27). 염려는 결코 문제를 해결해 주지 못한다.

고린도후서 7:10절에도 "세상 근심은 사망을 이루는 것이니라" 말씀하고 있다.

염려를 물리치고 하나님께 담대히 기도하며 구체적으로 필요를 구해야 한다. 그러면 하나님이 지혜를 주시고 심령에 평강을 주시고 마음과 생각을 지켜 주실 것이다.

'지켜 주다' : 헬라어 동사 '*phroureō*(프루레오)'는 '적의 공격으로부터 안전하게 보호하다' 라는 뜻이다.

이때 반드시 소리 내 기도해야 한다. 기도하다 보면 사단은 반드시 기도를 방해한다. 잡념을 넣는다든지, 기도하면서 졸게 하는 경우가 많이 발생한다. 기도하는 것 같은데 졸고 있는 모습을 종종 보게 될 것이다. 그래도 기도하려는 의지를 갖고 계속해서 드리는 것이 중요하다.

〈기도하면 응답을 받는다〉

누가복음 11:10 "구하는 이마다 받을 것이요 찾는 이는 찾아낼 것이요 두드리는 이에게는 열릴 것이니라"

에베소서 3:20 "우리 가운데서 역사하시는 능력대로 우리가 구하거나 생각하는 모든 것에 더 넘치도록 능히 하실 이에게"

예레미야 33:3절은 이렇게 말씀하고 있다. "너는 내게 부르짖으라 내가 네게 응답하겠고 네가 알지 못하는 크고 비밀한 일을 네게 보이리라" 이는 미래의 모든 일을 주관하며 계시하시는 이는 오직 여호와뿐이므로 그분께 간절히 매어달려야 함을 상기시킨다.

특히 "부르짖으라" : 히브리어 동사 '*qāra*(카라)' 는 '소리쳐 부르다, 선포하다, 낭독하다' 는 뜻을 가지고 있는데, 심한 갈증 속에서 물을 달라고 하나님께 부르짖던 삼손의 모습이나 자식의 잉태를 위해 간구하던 한나의 모습을 연상시킨다(삿15:18; 삼상1:10-16).

기도의 영향력은 존 낙스의 일화에서 찾을 수 있다.

존 낙스는 한창 전운이 감돌던 어느 날, 친구들을 집에 초청했다. 늦은 밤이 되자 존 낙스는 서재에서 집 뒤편의 조용한 곳으로 갔다. 친구 한 사람이 그의 뒤를 따라 갔는데 잠시 후 그의 기도하는 음성이 들렸다. 온 영혼으로 몸부림치며 간절하게 기도하는 소리가 하늘로 올라갔다. "오 주여! 나에게 스코틀랜드를 주시옵소서. 그렇지 않으면 죽음을 주시옵소서" 그는 이렇게 세 번 기도했다. 낙스가 목숨을 걸고 기도한 얼마 후 메리 여왕이 중병으로 세상을 떠났다. 스코틀랜드는 종교개혁에 성공했고, 개신교를 국교로 선포했다. 독일, 스위스, 영국보다 더 철두철미한 종교개혁이 이루어졌다. 존 낙스 한 사람의 목숨을 건 기도가 한 민족을 구해낸 것이다.

◉ 기도의 유형

✱ 강청기도

〈수로보니게 여인〉

마가복음 7:25-30 "이에 더러운 귀신 들린 어린 딸을 둔 한 여자가 예수의 소문을 듣고 곧 와서 그 발 아래에 엎드리니 그 여자는 헬라인이요 수로보니게 족속이라 자기 딸에게서 귀신 쫓아내 주시기를 간구하거늘 예수께서 이르시되 자녀로 먼저 배불리 먹게 할지니 자녀의 떡을 취하여 개들에게 던짐이 마땅치 아니하니라 여자가 대답하여 이르되 주여 옳소이다마는 상 아래 개들도 아이들이 먹던 부스러기를 먹나이다 예수께서 이르시되 이 말을 하였으니 돌아가라 귀신이 네 딸에게서 나갔느니라 하시매 여자가 집에 돌아가 본즉 아이가 침상에 누웠고 귀신이 나갔더라"

마가는 아프리카에 있는 '리비오 뵈니게(Libyo-Phoenicia)'와의 혼돈을 피하기 위해 '수로(Syria)'라는 지방 이름을 붙여 '수로뵈니게(Syro-Phoenicia)'이라 이름한다.

실로 여기 언급된 여인은 분명 헬라화 된 이방사람이었다. 당시 이들 이방인들은 민족적 우월성에 도취되어 있던 유대인들에게 심한 적대감을 지니고 있었다고 한다(Josephus). 그 여인이 "간구하거늘": 헬라어 동사 ērōtā('에로타')는 미완료 시제로서 그 어미가 자기 딸의 치유를 소망하며 예수께 거듭거듭 호소하고 있는 장면을 극적으로 묘사하고 있다. 실로 그녀는 오직 딸의 구원을 위해 민족적 반감이나 개인적 자존심을 모두 팽개치고 예수께 매어달리고 있는 것이다.

〈밤중에 온 손님 대접〉

누가복음 11:8 "내가 너희에게 말하노니 비록 벗됨으로 인하여서는 일어나 주지 아니할지라도 그 강청함을 인하여 일어나 그 요구대로 주리라"

"강청(boldness, NIV)함을 인하여"는 견디지 못해 필요한 것을 준다. "강청함": 헬라어로 'anaideia(아나이데이아)'인데, 부정접두어 'a-

(아)'와 '부끄러워함'을 뜻하는 'aidōs(아이도스)'의 합성어로 체면 불구하고 간구하는 것을 가리킨다.

본문에는 두 가지 교훈이 내포되어 있다.

첫째, 요청에 즉각적으로 응하지 않으려 했던 집 주인과 하나님의 쾌히 주심을 대비함으로써 하나님께 드리는 기도가 반드시 응답받을 수 있다는 확신을 주려는 것이다(9-13).

둘째, 응답이 즉각적으로 주어지지 않는다 해도 계속해서 끈기를 가지고 기도해야 함을 가르친다(살전 5:17).

〈불의한 재판관의 비유〉

누가복음 18:5-7 "이 과부가 나를 번거롭게 하니 내가 그 원한을 풀어 주리라 그렇지 않으면 늘 와서 나를 괴롭게 하리라 하였느니라 주께서 또 이르시되 불의한 재판장이 말한 것을 들으라 하물며 하나님께서 그 밤낮 부르짖는 택하신 자들의 원한을 풀어 주지 아니하시겠느냐 그들에게 오래 참으시겠느냐"

"번거롭게 하니": '수고', '고난', '어려움'의 뜻인 헬라어 '코포스'는 단순히 '성가시게 하는 것'이라는 의미보다는 '막대한 지장을 주는 것', 즉 그 일 때문에 다른 정상적인 업무에 전념할 수 없게 타격을 주는 것을 의미한다.

"늘": 헬라어 '에이스 텔로스'는 '끝까지', '목적이 달성될 때까지'의 뜻이다. 재판관은 과부가 자신의 탄원이 받아들여질 때까지 판관인 자신을 번거롭게 하는 그 일을 결코 중단하지 않을 것이라는 판단을 한 것으로 짐작된다.

"**괴롭게 하리라**": 헬라어로 'hypōpiazō(휘포피아조)'인데, '아래'를 뜻하는 헬라어 'hypo(휘포)'와 눈 아래 쪽의 얼굴을 뜻하는 헬라어 'ōps(옵스)'의 합성으로 이루어진 동사로서, 문자적인 의미로는 '눈 밑을 때리다' 또는 '눈이 멍들게 만들다'는 의미이다.

이는 동양권에서 흔히 찾아볼 수 있는 어법(語法)으로, 얼굴에 먹칠을 당하는 것 곧 부끄러움이나 수치를 당하는 것, 또는 명예를 훼손당하는 것을 의미한다.

과부의 필사적인 탄원이 성가시어서였든 혹은 자신의 명예가 실추될 것을 두려워했기 때문이든 간에 결국 불의한 재판관이 과부의 청을 들어 주었다는 데에 본 비유의 핵심이 있다.

우리는 항상 기도하며 낙심치 말고 결코 변함이 없으신 하나님의 신실성을 굳게 믿어야 한다.

＊ 대적기도(사단을 향하여 명령하라)

마가복음 4:37절 이하를 보면, 주께서 광풍을 향하여 명하시는 장면이 나온다.

우리는 영적 세력들을 향하여 단호히 예수 이름으로 대적하고 명령하여야 한다. 예수께서 바람(광풍)을 향해 명령하신 것은 군대 귀신들의 저항이었기 때문이다. 사단은 광풍을 대작하여 욥의 아들들을 죽게 했다(욥1:8). 사단의 세력들에 대해 주께서 명하시듯이 주 예수의 이름으로 명령하라! 마음속의 풍랑이 거세게 일어날 때 주님의 말씀을 믿고 예수의 이름의 권세로 대적 기도를 하는 것이다.

* 방언기도(방언기도는 사단과의 영적대결에서 강력한 힘을 발휘한다)

　방언을 부정적으로 말하는 사람들의 책이나 이론을 멀리하라.

　논리는 있으나 성경을 자의적으로 해석한 것이다. 성령의 역사도 오순절로 제한하고 있다(방언에 관한 것은 『방언은 고귀한 하늘의 언어』 김동수 저를 참고하라).

　에베소서 6:18절 "모든 기도와 간구로 하되 무시로 성령안에서 기도하고…"

　사도행전 2:4을 보면 "그들이 다 성령의 충만함을 받고 성령이 말하게 하심을 따라 다른 언어들로 말하기를 시작하니라" 분명한 것은 방언은 자신들의 의도가 아닌 성령이 말하게 하심을 밝히고 있다.

　"성령이 말하게 하심을 따라 다른 방언으로 말하기를 시작하니라" 하나님은 바벨탑의 사건을 통해서 사람들의 언어를 혼잡케 하셔서 그들을 흩어 버리셨다(창11:1-9). 제자들이 성령을 따라 다른 방언으로 말하게 된 이 사건은 혼잡케 되었던 언어가 다시 회복된 것으로서 새 시대의 도래를 예고하고 있다.

　제자들에게 성령세례의 증거는 방언이었다.

　그들은 성령을 받고 자신들이 아직 배운 바가 없는 언어로 말하기 시작했고, 다른 여러 지방에서 온 사람들은 그것을 이해했다. 이것들은 성령이 그의 경륜에 찬 사역을 이루시기 위하여 강림한 증거들이다.

　고린도전서 14:2절은 방언에 대해 이렇게 기록하고 있다. "방언을 말하는 자는 사람에게 하지 아니하고 하나님께 하나니 이는 알아듣는 자가 없고 그 영으로 비밀을 말함이니라" "방언은 알아듣는 자가 없고… 하나님께 하나니…" 사단도 알지 못한다.

하나님과 영으로 비밀을 말하기 때문이다. 방언은 영으로 하나님께 비밀을 말하는 영적 언어인 것이다. 성경은 분명히 방언기도에 대해서 말을 한다. 바울은 다 방언하기를 원했다(고전14:5). 방언기도 하는 것을 감사했다.

고린도전서 14장 4절에 "방언을 말하는 자는 자기의 덕을 세우고 예언하는 자는 교회의 덕을 세우나니"라고 말씀한다.

방언을 하면 타인의 유익보다도 나 자신의 유익을 위해서 신앙의 덕이 생긴다. 덕을 세운다는 것은 벽돌을 한 장씩 한 장씩 쌓아 올리는 것과 같다. 우리가 방언으로 기도하면 다른 사람에게 덕이 되는 것이 아니라 내게 덕이 되는 것이다. 그러므로 내 신앙이 강화되는 것이다.

마음에 기쁨이 없고 불안할 때 바꿀 수 있는 것이 방언 기도다. 성령 하나님이 직접 기도해 주시면서 불안과 슬픔을 없애버리고 안식과 기쁨을 갖다 주는 역사가 방언을 통해서 일어난다.

그래서 필자는 내담자가 방언을 받도록 기도한다. 그 이유는 불안과 탄식으로 어울어진 삶의 언어를 벗어버리고 하나님을 찬양하면서 결단하고 감사케 하려는데 있다(대부분의 방언 내용은 하나님 찬양과 감사와 결단이다).

방언으로 기도하면 성령이 우리 속에 들어와서 우리의 잠재의식을 청소하신다.

마음 밑에 숨어 있는 상처와 원한, 슬픔, 괴로움 이 모든 것들은 우리가 방언을 할 때 성령이 청소하시기 때문에 우리의 마음이 고침 받고 평안을 찾게 된다. 그러므로 우리 마음이 다스릴 수 없이 슬퍼지고 비정상적일 때 방언으로 기도하라. 그럴 때 마귀는 쫓겨나가고 마음에 있는 모든 쓰레기 더미는 청소되고 우리 마음이 치료받게 될 것이다(극도로 불안해하던 내담자가 필자와 방언으로 기도하자 곧 평안을 찾는 것을 매번 경험한다).

✱ 상상력을 이용한 기도

우울한 날을 보낸 사람들은 긍정적인 생각들 대신에 부정적인 생각으로 가득차 있어 무력감과 상실감에서 헤어 나오지 못한다. 이때 상상력을 이용하는 기도는 우리로 하여금 상상력을 활용하여 부정적인 생각에서 벗어나도록 도와주며 창조적인 생각들을 심어주고 하나님의 치유하시는 사랑의 능력을 마음의 눈으로 확인할 수 있도록 도와준다. 내가 우울증의 고통에서 빠져 나와 활기차게 일하는 모습을 상상하면서 미리 감사기도를 드리는 것이다.

이에 염려하는 사람들도 많으나, 이 방법이 우울한 감정을 바꾸고, 범사에 감사하라는 하나님의 말씀에 근접한 삶을 살게 하는 좋은 대체 방법이다.

또 다른 한 가지 방법은 성경말씀을 붙잡고 깊이 상상하는 것이다.

예) 마태복음 14:22-32절 말씀을 가지고 묵상하는 것이다. 깊이 상상하는 것이다. 그 장면 안으로 주님께서 들어오시는 상황을 상상하는 것이다. 그리고 주님을 만나는 것이다. 그 장면 안에서 우리는 예수께서 하시는 말씀에 귀 기울이면서 우리 자신의 느낌에 주목한다.

이렇게 기도할 수 있는 것은 마태복음 28:20절에 "**내가 세상 끝날까지 너희와 함께 있겠다**"고 하신 약속을 신뢰하기 때문에 생명을 주는 긍정적인 단언들에 대해 상상력을 이용하는 기도를 할 수 있다.

* 중보기도

디모데전서 2:5 "하나님은 한 분이시오 또 하나님과 사람 사이에 중보자도 한 분이시니 곧 사람이신 그리스도 예수라" 중보 기도하는 사람들이 주의해야 할 사항이다.

하나님과 인간 사이에 중보자는 오직 한 분이신 그리스도 예수시다. 중보기도를 하려면 그 예수님과 연합되어 있어야 중보기도가 가능하다. 그러므로 중보기도자는 끊임없는 예수님과의 연합을 추구해 나가야 한다.

누가복음 6:12-13 "이 때에 예수께서 기도하시러 산으로 가사 밤이 새도록 하나님께 기도하시고 밝으매 그 제자들을 부르사 그 중에서 열둘을 택하여 사도라 칭하셨으니" 예수께서 철야기도 하시고 12제자를 선택하는 장면이 나온다.

"하나님께 기도하시고" 헬라어 본문에서 '하나님께'는 소유격(tou theou, '투 데우')으로 되어 있다. 이를 번역하면 '하나님의 기도'로 밤을 지새웠다는 말이 된다. 그러므로 '하나님이 인도하시는, 주도하시는 기도'였다는 것을 알 수 있다.

그러니까 예수님이 밤새도록 하신 기도는 하나님 아버지께서 주권적으로 주도하신 기도였다는 뜻을 가진다. 이 기도의 결실은 예수님의 12제자 선택이다.

중보기도자는 하나님의 주권적 인도를 받는 기도를 하여야 한다. 왜냐하면 무장되지 않은 중보기도자는 공격을 받을 수 있기 때문이다.

우울증 환자들을 위해 기도할 경우 중보기도자가 우울증 환자의 고통을 겪는 경우가 있다. 필자가 전도사 시절, 잊지 못하는 사건이 있다. 우울증으로 심각한 상태에 있을 때 재수하던 한 청년이 나를 위해 기도하겠다고 하였다. 그 후 그 청년은 머리가 아프고 머리카락이 빠지기 시작했다. 기도를 멈출 것을 요구했고, 그 후에 그런 증상이 사라졌다. 그 친구는 공부를 잘하는 친구였는데, 그 후유증으로 지방대에 가게 되었다.

필자도 중보기도 중 피부병이 옮겨 붙기도 했다. 우울증 환자가 얼굴과 몸에 아토피처럼 피부가 부풀어 올랐다. 나와 아내는 손을 대고 기도하였고, 그 후 필자는 목에 아내는 온 몸에 피부염이 생겼다. 나는 금새 사라졌지만, 아내는 6개월을 넘게 고통을 받은 적이 있었다. 중보기도는 주의해야 한다.

그럼, 중보기도를 하지 말아야 하는가?
중보기도는 영적으로 무장된 준비된 군사가 해야 한다. 손을 대는 안수기도는 특히 유의해야 한다. 접촉으로 인하여 병균이 전염되듯이 영적인 전이는 터치하며 기도할 때 전이된다. 성경에 나타나는 안수기도를 보면 잘 알 수 있다. 안수할 때 "성령의 충만함을 받는지라!" "하나님의 영이 충만하더라!" 등 안수할 때 일어났다.

먼저, 꺼림직한 경우는 해선 안 된다.
나는 아무 상관없어, 확실한 믿음이 있으면 영향을 받지 않는다. 그러나 믿음이 없거나 두려운 자들은 하지 말아야 한다. 그래도 기도를 해야 한다면 자신을 하나님의 전신갑주로 무장해야 한다. 예수님의 보혈의 피로 자신을 덮으라. 그리고 하나님의 말씀으로 영적 무장하라. 그리고 사역을 하는 것이 좋다.

◉ 중보 기도자가 갖추어야 할 것들

✽ 전신갑주로 무장해야 한다

에베소서 6:11-18 "마귀의 간계를 능히 대적하기 위하여 하나님의 전신 갑주를 입으라 우리의 씨름은 혈과 육을 상대하는 것이 아니요 통치자들과 권세들과 이 어둠의 세상 주관자들과 하늘에 있는 악의 영들을 상대함이라 그러므로 하나님의 전신 갑주를 취하라 이는 악한 날에 너희가 능히 대적하고 모든 일을 행한 후에 서기 위함이라 그런즉 서서 진리로 너희 허리띠를 띠고 의의 호심경을 붙이고 평안의 복음이 준비한 것으로 신을 신고 모든 것 위에 믿음의 방패를 가지고 이로써 능히 악한 자의 모든 불화살을 소멸하고 구원의 투구와 성령의 검 곧 하나님의 말씀을 가지라 모든 기도와 간구를 하되 항상 성령 안에서 기도하고 이를 위하여 깨어 구하기를 항상 힘쓰며 여러 성도를 위하여 구하라"

✽ 사랑의 마음을 가져야 한다(불쌍히 여김, 그 병을 내게 주십시오 – 부모의 심정이다)

아가 8:7 "이 사랑은 많은 물이 꺼치지 못하겠고 홍수라도 엄몰하지 못하나니 사람이 그 온 가산을 다 주고 사랑과 바꾸려 할지라도 오히려 멸시를 받으리라" 어떤 사람은 병자를 위하여 기도할 때 그 병을 제게 주십시오, 그리고 기도하면서 그 병을 이겨내면 상대방이 낫는 경우도 있다고 한다.

* 믿음이다

마태복음 21:21 "예수께서 대답하여 이르시되 내가 진실로 너희에게 이르노니 만일 너희가 믿음이 있고 의심하지 아니하면 이 무화과나무에게 된 이런 일만 할 뿐 아니라 이 산더러 들려 바다에 던져지라 하여도 될 것이요"

"믿음이 있고 의심치 아니하면" - '믿음이 있고' 는 가정법 현재시제이다. '의심치 아니하면' 은 가정법 부정과거시상의 중간태다.

여기서 믿음을 가진다고 하는 것은 계속적인 결단을 의미하고, 의심은 스스로와의 싸움이 과거의 단 한 번의 행동이 되어야 하는 것임을 말한다.

마태복음 17:20 "이르시되 너희 믿음이 작은 까닭이니라 진실로 너희에게 이르노니 만일 너희에게 믿음이 겨자씨 한 알 만큼만 있어도 이 산을 명하여 여기서 저기로 옮겨지라 하면 옮겨 질 것이요 또 너희가 못할 것이 없으리라" 효과를 발휘할 수 있는 가장 적은 믿음의 분량을 강조한 것이고, 본문에서는 의심을 물리치고 믿음을 가져야 할 것을 강조한다.

요한복음 11:40 "예수께서 가라사대 내 말이 네가 믿으면 하나님의 영광을 보리라 하지 아니하였느냐 하신대"

로마서 10:9 "네가 만일 네 입으로 예수를 주로 시인하며 또 하나님께서 그를 죽은 자 가운데서 살리신 것을 네 마음에 믿으면 구원을 얻으리니"라고 말씀하고 있다.

* 그리스도와 연합이다

갈라디아서 2:20 "내가 그리스도와 함께 십자가에 못 박혔나니 그런즉 이제는 내가 사는 것이 아니요 오직 내 안에 그리스도께서 사시는 것이라 이제 내가 육체 가운데 사는 것은 나를 사랑하사 나를 위하여 자기 자신을 버리신 하나님의 아들을 믿는 믿음 안에서 사는 것이라"

주님의 십자가를 짐으로써 그리스도의 죽음에 영적으로 동참하였음을 의미한다. 십자가는 그리스도의 죽음은 율법의 요구를 이루려 함이며(롬8:4), 또한 실존적으로 구약의 모든 율법적 요구들을 완성한 역사적 사건이다. 그러므로 자신을 항상 죽은 자로 여기고 살아야 한다. 그래야 죽었다가 사흘 만에 부활하신 그리스도 안에서 새로운 삶을 살게 된다(롬6:4).

그리스도와의 완전한 연합은 자기가 죽을 때에만 가능해진다. 그때야 비로소 그리스도에게 접붙임을 받게 되고 그 결과 그리스도의 풍성한 열매를 맺게 된다.

요한복음 15:5 "나는 포도나무요 너희는 가지라 그가 내 안에, 내가 그 안에 거하면 사람이 열매를 많이 맺나니 나를 떠나서는 너희가 아무 것도 할 수 없음이라"

* 우리에게 중보자 예수 그리스도가 계신다

히브리서 7:25 "그러므로 자기를 힘 입어 하나님께 나아가는 자들을 온전히 구원하실 수 있으니 이는 그가 항상 살아 계셔서 그들을 위하여 간구하심이라"

그리스도는 옛 언약의 제사 행위에 의지하지 않고 새 언약인 자신을 믿고 의지하며 하나님께 나아가는 모든 자에게 현재 육체적, 정신적, 영적인 구원에 참여케 한다. 동시에 종말론적 구원에 참여시킬 수 있다.

이는 그가 항상 살아서 저희를 위하여 간구하시기 때문이다. "간구하심이라": 헬라어로 '엔튕카네인'은 '중재하다' 라는 의미다. 이러한 그리스도의 중재 사역으로 인해 사람들은 예수를 자신의 구주로 고백할 때 하나님과 온전한 관계를 회복할 수 있게 된다.

로마서 8:34 "누가 정죄하리요 죽으실 뿐 아니라 다시 살아나신 이는 그리스도 예수시니 그는 하나님 우편에 계신 자요 우리를 위하여 간구하시는 자시니라 35 누가 우리를 그리스도의 사랑에서 끊으리요 환난이나 곤고나 박해나 기근이나 적신이나 위험이나 칼이랴"

"그는… 우리를 위하여 간구하시는 자시니라" 예수께서 하나님의 보좌 우편에 계시면서 자신이 성취한 구속 사역을 근거로 자기 백성 된 우리를 위해 하나님께 변호해 주신다는 것이다.

누가복음 22:31-32 "시몬아, 시몬아 보라 사단이 밀 까부르듯 하려고 너희를 청구하였으나 그러나 내가 너를 위하여 네 믿음이 떨어지지 않기를 기도하였노니 너는 돌이킨 후에 네 형제를 굳게 하라"

예수께서는 베드로의 믿음이 떨어지지 않고 굳세지기를 기도했다고 말한다. 왜냐하면 사람들이 각자 자신의 믿음이 떨어질 때 예수께 대한 배신을 하게 되기 때문이다. 여기서 예수께서 이러한 말씀을 하신 것은 베드로에게 용기를 주기 위한 것이다. 주님의 중보기도가 있었기에 베드로는 다시 회복할 수 있었다. 우리도 그 주님이 함께 하시기에 능히 이길 수 있다. 넘어졌어도 다시 일어설 수 있다. 우리에게 중보자 예수 그리스도가 계시기 때문이다.

예) 필자에게 수중보에 물이 넘치면 끝날 것 같은 그런 상황이 다가왔다. 하나님 도저히 더 이상 견딜 수 없습니다라고 기도하였다. 그러자 주님이 물이 넘지 못하도록 막아주시는 것을 여러 번 경험하였다. 사람이 능히 감당치 못할 시험은 허락지 아니하시고 피할 길을 주심을 발견하게 되었다. 예수를 믿는다는 것이 얼마나 복된 일인지 경험한 사람은 알게 된다. 신앙고백의 위력, 주님이 함께 하심, "내가 너를 도우리라" 하신 말씀들이 놀랍게 다가왔다.

* 성령님도 기도로 도우신다

롬8:26절에 "이와 같이 성령도 우리의 연약함을 도우시나니 우리는 마땅히 기도할 바를 알지 못하나 오직 성령이 말할 수 없는 탄식으로 우리를 위하여 친히 간구하시느니라"

성도는 연약한 육신을 입고 있기에 성령께서 성도 가운데 계시면서 성도를 진리 가운데로 인도하시며(요16:13) 양자로서의 보증이 성도 안에서 확실히 성취되도록 도와주신다.

이런 의미에서 성령은 보혜사(保惠師)이시다(요14:16, 26; 16:7).

"도우시나니": 헬라어로 '쉬난틸람바네타이'는 '쉬난틸람바노마이'의 현재 중간태 직설법으로서 '다른 사람의 손을 붙잡아 준다'는 의미이다. 성령께서는 성도가 연약해 있을 때에 성도의 무거운 짐을 덜어 주고 곁에서 일으켜 세워주며 붙들어 주신다.

C.H. Dodd는 "우리가 마땅히 빌 바를 알지 못하나" 이렇게 말하고 있다 - 성도는 성령의 도움이 아니면 기도의 능력도, 기도할 내용도 찾지 못한다. "오직 성령이 말할 수 없는 탄식으로 우리를 위하여 친히 간구하시느니라" - 성령께서 연약한 성도들을 위해 일하고 계심을

강조하고 있다. 즉 성령께서 성도들 편에 서서 그들이 의식하지 못하고 깨닫지 못하는 사실들을 미리 아시고 성도들을 위해 성부 하나님께 간구하고 계신다. 이런 면에서 기도는 성도 안에 계신 성령의 사역이라고 일컬어질 수 있다. 성도가 갈등으로 인해 탄식하면서 어찌할 바를 모르고 있을 때 성령께서도 성도보다 더 심한 탄식으로 성도를 위해 간구하신다는 이 사실이야말로 성도에게는 가장 큰 위로이며 구원에 대한 보증이다."라고 말한다.

중보기도자는 어떻게 기도해야 할 것인지 성령의 인도를 받는 것이 중요하다.

* 중보기도의 능력

출애굽기 17장에는 르비딤 전투에서 모세가 여호수아의 군대들을 위하여 중보기도한 장면이 나온다.

8절 "그 때에 아말렉이 와서 이스라엘과 르비딤에서 싸우니라 9 모세가 여호수아에게 이르되 우리를 위하여 사람들을 택하여 나가서 아말렉과 싸우라 내일 내가 하나님의 지팡이를 손에 잡고 산 꼭대기에 서리라 10 여호수아가 모세의 말대로 행하여 아말렉과 싸우고 모세와 아론과 훌은 산 꼭대기에 올라가서 11 모세가 손을 들면 이스라엘이 이기고 손을 내리면 아말렉이 이기더니 12 모세의 팔이 피곤하매 그들이 돌을 가져다가 모세의 아래에 놓아 그가 그 위에 앉게 하고 아론과 훌이 한 사람은 이쪽에서, 한 사람은 저쪽에서 모세의 손을 붙들어 올렸더니 그 손이 해가 지도록 내려오지 아니한지라 13 여호수아가 칼날로 아말렉과 그 백성을 쳐서 무찌르니라"

출애굽기 32장에는 이스라엘 백성을 위한 모세의 중보기도가 나타난다.

11절 "모세가 그의 하나님 여호와께 구하여 이르되 여호와여 어찌하여 그 큰 권능과 강한 손으로 애굽 땅에서 인도하여 내신 주의 백성에게 진노하시나이까 12 어찌하여 애굽 사람들이 이르기를 여호와가 자기의 백성을 산에서 죽이고 지면에서 진멸하려는 악한 의도로 인도해 내었다고 말하게 하시려 하나이까 주의 맹렬한 노를 그치시고 뜻을 돌이키사 주의 백성에게 이 화를 내리지 마옵소서...."

그 결과, 14절 "여호와께서 뜻을 돌이키사 말씀하신 화를 그 백성에게 내리지 아니하시니라"라고 기록되어 있다.

사무엘도 중보기도를 하였다.

사무엘상 7장7절 "이스라엘 자손이 미스바에 모였다 함을 블레셋 사람들이 듣고 그들의 방백들이 이스라엘을 치러 올라온지라 이스라엘 자손들이 듣고 블레셋 사람들을 두려워하여 8 이스라엘 자손이 사무엘에게 이르되 당신은 우리를 위하여 우리 하나님 여호와께 쉬지 말고 부르짖어 우리를 블레셋 사람들의 손에서 구원하시게 하소서 하니" 이스라엘 백성들은 사무엘에게 중보기도를 요청한다.

그러자 사무엘이 9절 "사무엘이 젖 먹는 어린양 하나를 가져다가 온전한 번제를 여호와께 드리고 이스라엘을 위하여 여호와께 부르짖으매 여호와께서 응답하셨더라"라고 기록하고 있다. 하나님께서 큰 우레를 발하여 블레셋 족속을 어지럽게 하여 이스라엘이 대승을 거두게 된다.

사도행전 12장에도 초대교회의 중보기도 장면이 나온다.

헤롯왕이 유대인들의 환심을 사려고 야고보를 죽이고 이제 베드로를 죽이려는 장면이 나온다. 베드로가 감옥에 갇혔을 때 5절에 "교회는 그를 위하여 간절히 빌더라"라고 했다. 그 결과 베드로는 천사의 도움으로 구출되고 헤롯은 충이 먹어 죽고 말았다(행12:23).

중보기도의 능력을 잘 알고 있는 바울은 자신을 위해 기도를 요청한다.

데살로니가전서 5:25절 "형제들아 우리를 위하여 기도하라"

로마서 15:30절 "형제들아 내가 우리 주 예수 그리스도와 성령의 사랑으로 말미암아 너희를 권하노니 너희 기도에 나와 힘을 같이하여 나를 위하여 하나님께 빌어"

고린도후서 1:11 "너희도 우리를 위하여 간구함으로 도우라…"

빌레몬서 1:22 "너희 기도로 내가 너희에게 나아갈 수 있기를 바라노라"

바울은 성도들의 기도로 감옥에서 풀려나 빌레몬에게 가기를 염원하고 있는 것이다.

중보기도는 성경적이다. 인간의 기도가 전능하신 하나님의 행동을 움직일 수 있다.

요한 웨슬레는 이렇게 말한다. '믿음의 기도에 대한 응답 없이 이 세상에서 하나님이 행하시는 것은 아무것도 없다.

필자가 두나미스사역을 할 때의 일이다. 200여 명이 모여있는 상태에서 강사가 안수 기도를 하자 사람들이 쓰러지기 시작했다. 많은 사람들이 기도를 받으려고 앞으로 나와 혼잡했다. 필자는 질서있게 순서를 기다리도록 사람들을 줄을 세울려고 사람들을 터치하자, 이상한 현상들이 나타났다. 필자가 손을 대는 사람들이 전부 쓰러지는 것이었다. 나는 처음 경험하는 일이라 황당해서 한 쪽 구석으로 가서 기도를 하고 있었다. 한 청년이 울면서 기도하고 있어서 도우려 손을 대자 그 청년도 쓰러져 입신상태로 들어갔다. 그 모습을 보던 두나미스 디렉터가 가만히 있지 말고 다니면서 안수해 주라고 독려하였던 일이 있었다. 왜 나에게 이런 일이 일어났는가? 곰곰이 생각하다가 그 전날 ANI 이 애경 선교사에게 저를 위해 기도해 달라고 중보기도를 부탁한 일이 생각이 났다. 내 경건의 능력이 아닌 중보기도의 힘이 이런 결과를 만들어 낸 것이다. 이처럼 중보기도는 여러분이 상상하지 못하는 놀라운 능력을 나타낼 수 있다.

B. 금식

이사야 58:6 "나의 기뻐하는 금식은 흉악한 결박을 풀어 주며 멍에의 줄을 끌러주며 압제당하는 자를 자유케 하며 모든 멍에를 꺾는 것이 아니겠느냐"

"흉악의 결박": 히브리어 '하레추보트'는 '악의 띠'로 불의하고 잔혹한 권위를 가지고 타인의 권리나 유익을 억압하는 행위를 가리킨다.

"멍에의 줄을 끌러 주며" 여기서 '멍에'는 억압 혹은 강제적인 노동의 상징으로 사용되는 용어로, 여기서도 그런 의미로 사용되고 있음이 분명하다.

"압제 당하는 자를 자유케하며" 여기서 거론되고 있는 상대는 문자그대로는 '상한 자'이며 폭력, 압제 등의 '부당한 대우를 받는 자'이다.

"자유케 하며": 히브리어 '하페쉼' 한번 노예가 되었다가 자유를 얻은 자를 묘사할 때 주로 사용되는 용어이다(신15:12; 욥3:19 등).

금식의 힘은 결박의 상태에 놓여 있는 자를 풀어 자유케 하는 강력한 힘을 발휘한다고 말씀하고 있다.

마가복음 9:25-29 "예수께서 무리의 달려 모이는 것을 보시고 그 더러운 귀신을 꾸짖어 가라사대 벙어리 되고 귀먹은 귀신아 내가 네게 명하노니 그 아이에게서 나오고 다시 들어가지 말라 하시매 26 귀신이 소리지르며 아이로 심히 경련을 일으키게 하고 나가니 그 아이가 죽은 것같이 되어 많은 사람이 말하기를 죽었다 하나 27 예수께서 그 손을 잡아 일으키시니 이에 일어서니라 28 집에 들어가시매 제자들이 조용히 묻자오되 우리는 어찌하여 능히 그 귀신을 쫓아내지 못하였나이까 29 이르시되 기도 외에 다른 것으로는 이런 유가 나갈 수 없느니라 하시니라"(난외 주에는 금식이란 표현이 들어 있다. 다른 사본에는 금식이란 단어가 포함되어 있다는 의미다)

금식은 필수적인 사항인가? 아니다. 그러나 특정한 상황에서의 금식은 우리가 하나님께 집중하고 전적으로 하나님을 찾게 만들어 주기 때문이다. 금식을 하는 이유는 사람의 영을 육체보다 강하게 하려는 의도인 것이다. 필자가 어둠의 세력들을 보는 환상이 열린 것도 금식하며 기도하는 시간 중에 주어진 성령의 은사이다. 금식에는 사탄의 교묘한 속임과 방해가 있으므로 주의해야 한다.

12) 찬송의 능력 - 은혜 받는 찬송을 하라 / 보혈 찬송을 하라

음악사를 살펴보면 어느 국가이고 음악을 전쟁에 사용하지 않은 국가는 없다.

한국전쟁에서 중공군들은 피리를 불고 징을 치며 전투에 임하는데 이것은 약하여진 병사들의 마음을 고무시키고 격동시켜서 그들의 마음을 강하게 만들어 싸우도록 한 사례이다. 반면에 음악은 인간의 마음을 약하게도 만든다.

삼국지에 보면, 피리를 잘 부는 부하를 골라서 적진의 가까운 곳에서 처량한 음악, 고향생각이 나는 애닲은 곡조를 불도록 하였다. 이 피리 소리를 들은 적국의 군사들은 모두 고향을 생각하고 부모, 처자를 생각하면서 전쟁을 포기하고 집으로 돌아갔다는 것이다. 참으로 음악은 인간을 강하게도 약하게도 하는 예술이다. 십자가의 군병인 성도들에게도 찬송은 무엇보다도 중요하다. 사탄과의 영적전투에서 찬송은 우리의 큰 힘이 되며 강력한 무기가 된다. 찬송은 우리의 연약해진 영적 전투력을 새롭게 고쳐시키는 은혜가 되기도 한다.

사무엘서에도 이런 내용이 기록되어 있다. 사무엘상 16:23 "하나님의 부리신 악신이 사울에게 이를 때에 다윗이 수금을 취하여 손으로 탄즉 사울이 상쾌하여 낫고 악신은 그에게서 떠나더라"

하나님의 부리신 악신(惡神) 곧 하나님께서 부리시는 사단의 영이 사울에게서 일시적으로 떠나간 것을 이야기하고 있다. 여기서 악신은 하나님의 허락과 지배 하에서 주로 악인들에게 활동하는 사단의 영을 가리킨다.

"다윗이 수금을 탄즉, 사울이 낫고" - 굳이 현대 의학적으로 사울의 병명을 분류하자면, '심한 우울증으로 인한 정신 착란증' 이라고 볼 수 있을 것이다. 따라서 심리학은 좋은 음악을 통한 치료법이 어느 정도 효과를 거둘 수 있다고 말한다.

찬송은 우리를 창조하신 이유이기도 하다.
시편 22:3 "이스라엘의 찬송 중에 거하시는 주여 주는 거룩하시니이다"

에베소서 1:12 "이는 그리스도 안에서 전부터 바라던 우리로 그의 영광의 찬송이 되게 하려 하심이라"

베드로전서 2:9절에서 4가지 특권들 중에 "하나님의 덕을 선포하는 일" 덕, 찬미, 탁월성 등으로 번역하였다. 우리를 어두운 데서 불러내신 목적이 그의 빛에 들어가게 하신자의 아름다운 덕을 선전하게, 찬송하게, 자랑하게 하려 함이라는 것이다.

시편 100:4 "감사함으로 그 문에 들어가며, 찬송함으로 그 궁정에 들어가서 그에게 감사하며 그 이름을 송축할찌어다" 찬양할 것을 강조한다.

바울이 빌립보에서 귀신 들린 여종을 고쳐 준 후에 감옥에 갇히게 되었다. 한밤중에 빌립보 감옥에서 바울과 실라가 목숨을 구걸하는 대신해 찬송가를 부르며 하나님께 기도하고 영광을 올려 드리기 시작했다. 찬송은 하나님께 드리는 산 제물이기에 능력이 있다(히13:15).

모든 상황이 잘 돌아갈 때 하나님을 찬송하는 것은 쉽다. 그러나 힘들고 찬송을 드리기 무거운 마음이 들 때 드리는 찬송이야 말로 하나님께서 소중이 여기신다. 이 찬송은 하나님의 초자연적인 개입의 길을 열게 한다.

바울과 실라가 드린 찬송은 감옥의 문을 열 정도의 대 지진을 가져왔다. 우리도 이처럼 찬양의 제사를 올려 드릴 때 우리 자신을 속박하고 있는 감옥의 문이 열릴 것이다.

여호사밧이 전쟁 중에 찬양대를 조직하고 나간 데에는 이와 같은 이유가 있는 것이다. 찬송은 우울한 마음을 희망과 기쁨으로 바꿔 놓을 것이다.

이사야 61:3 "찬송의 옷으로 그 근심을 대신하시고" 라고 말씀하신다.

은혜 받은 찬송을 계속 들으면서 하나님의 은혜 안에 깊이 젖어들라. 그러면 사단의 공격도 약화될 뿐만 아니라 하나님을 신뢰하는 믿음 또한 자라게 되므로 담대해 진다. 가사 선택도 중요하다. 신세 한탄하는 듯 한, 복음성가라면 즉시 버리고 하나님의 은혜를 선포하고 하나님의 능력과 영광과 존귀를 찬양하는 곡을 선곡하여야 한다. 무엇보다도 중요한 것은 찬양의 의미와 진정성이다.

어떤 때는 우리의 찬양이 능력을 발휘하기도 하지만, 공허한 메아리에 지나지 않을 때도 많을 것이다.

진정한 찬양이 나에게서 울려퍼지려면 하나님의 용서하심을, 구원의 은총을 전적으로 믿게 될 때 가능하다. 그때야 비로소 우리의 무거운 짐을 벗고 무한한 자유와 기쁨과 평안을 얻을 수 있다.

하나님의 속죄의 은총을 받아들일수록 더욱 더 우리는 하나님을 사랑하고 주님께 찬양을 드리지 않을 수 없게 된다.

"허물의 사함을 받고 자신의 죄가 가려진 자는 복이 있도다. 마음에 간사함이 없고 여호와께 정죄를 당하지 아니하는 자는 복이 있도다… 너희 의인들아 여호와를 기뻐하며 즐거워할 지어다 마음이 정직한 너희들아 다 즐거이 외칠지어다"(시32:1,2,11)

13) 싸우되 피를 흘리기까지 하라

먼저, 사단의 세력과의 영적 전투를 두려워해서는 안된다.

고린도전서 10:13을 보면 "사람이 감당할 시험밖에는 **너희**에게 당한 것이 없나니 오직 하나님은 미쁘사 **너희**가 감당치 못할 시험 당함을 허락지 아니하시고 시험당할 즈음에 또한 피할 길을 내사 **너희**로 능히 감당하게 하시느니라"

그렇다면, 한 번 싸워 볼만한 상대가 아니겠는가? 하나님이 허락할 때에는 능히 감당할 수 있기 때문이 아닌가?

문제는 싸움에 임하는 자세다.
히브리서 12:4절에 **"너희가 죄와 싸우되 아직 피 흘리기까지는 대항하지 아니하고"**
이미 물러설 수 없는 싸움은 시작되었다. 영적 전쟁에는 휴전이 없다. 한국전쟁 후 남과 북은 정전 협정을 맺었지만, 북한은 호시탐탐 엿보며 도발하는 것처럼, 약을 먹고 치유를 받으면서 어느 정도 진정 되지만, 상황이 악화되면 반드시 재발한다.
이 싸움은 물러서거나 타협할 수 없다. 상대는 빼앗고 죽이려고 우는 사자와 같이 달려들고 있다. 필사즉생의 각오로 대항하여야 한다.

필자는 영적 전쟁을 하면서 드러난 사단의 세력을 소멸될 때까지 화전을 끝내지 않는다. 기도하다 쉬게 되면 처음부터 다시 시작해야 되기 때문에 그만큼, 시간과 에너지를 낭비하게 되기 때문이다.
물론 싸우다가 힘들고 지칠 때가 있다. 포기하고 싶을 때가 있을 것이다. 그런 유혹이 올 때에는, 우리 믿음의 대상이시며, 우리 믿음을 완전케 하시는 예수님을 바라보라. 그분은 장차 누릴 기쁨을 위하여 부끄러움과 십자가의 고통을 참으셨으며 지금은 하나님의 우편에 앉아 계신다. 주께서는 인간의 모든 고난을 체휼하셨기에 능히 도우신다(히12:2-3; 히4:15).

6. 제반사항들

1) 즐겨라, 프로의식을 가지라

불안장애를 겪게 되면, 자신도 모르게 과대화 사고를 하게 되어 "이번에는 간신히 살아났지만, 다음에 또 다시 찾아오면 그때는 정말 죽을지도 몰라" 식의 생각을 하게 된다. "내 인생은 우울증으로 인해 끝났다" 라는 식의 왜곡된 사고는 오히려 증상이 악화되는 데 결정적 역할을 제공한다.

왜곡된 사고를 버리고 적절하고 합리적인 사고로 바꾸는 것이다. 그 방법 중 하나가 즐기는 것이다.

수많은 경험과 노하우를 갖고 있는 사람은 게임을 즐긴다. 프로는 싸우는 것이 아니고 즐기는 것이다. 즐길 때, 수준은 업그레이드 되고, 최고의 기술력이 창출되는 것이다. 프로에게는 섬세함과 부드러움과 정교함이 있다.

나는 〈2002 한·일 월드컵〉때 한국과 이탈리아가 맞선 16강전을 생생하게 기억하고 있다. 이탈리아에게 먼저 한 골을 주고 끌려가다 후반 타임아웃 직전 1골을 만회해 극적으로 동점을 이루었고, 연장전이 시작되자 그 자리에 꼼짝하지 않고 마음 졸이며 한국이 승리하는 경기를 지켜보았다. 그리고 나서 우리는 다시 재방송을 지켜보았다. 그러나 그때에는 TV를 시청하는 나의 마음이 달랐다. 쇼파에 편히 기대고 느긋하게 과일을 먹으면서 경기를 즐겼다.

무엇이 나를 이렇게 만들었나? 그것은 그 경기가 어떻게 진행될 것인지 이미 알고 있기 때문이다.

그와 같다. 우리는 수많은 우울증 게임을 치루어왔다. 그 공격과 증상, 과정과 결과를 잘 알고 있다. 그 증상이 다시 재방송되는 것이다.

이제 두려워 하지 말고 우울증 게임자체를 즐겨라! "또 왔냐? 받아들이는 것이다. 한 번 싸워 보지 뭐!" 이 정도 되었다면 승리의 방점을 찍은 상황이다. 이렇게 여러 번 대적하다 보면, 마음이 안정을 찾게 된다.

2) 인내하라, 인내가 필요하다

단 기간에 끝나지 않는다. 내 생각, 내 시간에 맞추어서는 안 된다. 하나님의 시간과 생각이 다를 수 있다. 하나님의 카이로스의 시간에 맞추는 것이 중요하다.

야고보서 1:4 "**인내를 온전히 이루라 이는 너희로 온전하고 구비하여 조금도 부족함이 없게 하려 함이라**"

히브리서 10:36 "**너희에게 인내가 필요함은 너희가 하나님의 뜻**을 행한 후에 약속하신 것을 받기 위함이라"

누가복음 21:19 "**너희의 인내로 너희 영혼을 얻으리라**"

유영만의 『용기』라는 책에 이 글이 있다.

"물은 100도에 이르지 않으면 결코 끓지 않습니다. 증기기관차는 수증기 게이지가 212도를 가리켜야 움직입니다. 99도, 211도에서는 절대로 변화가 일어나지 않습니다. 고작 1도 차이일 뿐인데도 말입니다. 용기는 집요함을 요구합니다. 마지막 1퍼센트의 인내가 인생의 성패를 좌우합니다."

시험도 1점 차이로 합격 불합격이 갈린다. 올림픽은 더 해서 불과 0.01초 차이로 메달 순위가 바뀐다. 다 끝났다 싶을 때 한 번 더 살펴보고, 더 이상 길이 없다 싶을 때 한 걸음 더 나가야 '변화'가 온다. 마지막으로 한 번 더! 한 걸음만 더!… 내 딛자!

완전하게 모든 시험이 끝날 때까지 도중에 포기하거나 낙심하지 말고 견뎌야 한다. 타다 남은 나무는 아무짝에도 쓸모없다. 완전한 숯으로 만들어지기까지 불 시험을 견뎌내야 한다.

3) 감사하라

데살로니가전서 5:18절은 "범사에 감사하라 이는 그리스도 예수 안에서 **너희를 향한 하나님의 뜻이니라**" 말씀하고 있다.

사생아로 태어난 흑인 소녀는 할머니의 손에서 자랐다. 삼촌의 성폭행으로 14세에 미혼모가 됐고, 아기가 태어난 지 2주 만에 죽자 충격으로 가출해 마약과 알코올로 얼룩진 청소년기를 보냈다. 그러나 현재 그는 미국인의 가장 존경받는 여성(1997년 미 월스트리트저널 선정)으로 우뚝 섰다.

전 세계 시청자를 웃고 울리는 '토크쇼의 여왕' 오프라 윈프리의 이야기다. 절망적인 시기를 보내고도 그녀가 재기할 수 있었던 것은 무엇이었을까? 그것은 생부가 가르쳐 준 '감사일기'였다.

오프라는 세계에서 가장 바쁜 사람 중의 한 사람이다. 그럼에도 불구하고 하루도 빼먹지 않는 습관이 있다. 바로 '감사 일기'다. 그가 하루 동안 일 가운데 5가지 감사한 목록이 있는데 거창한 내용이 아니고 아주 일상적인 것들이다.

1. 오늘도 거뜬히 잠자리에서 일어날 수 있어서 감사합니다.
2. 유난히 눈부시고 파란 하늘을 보게 해 주셔서 감사합니다.
3. 점심 때 맛있는 스파게티를 먹게 해 주셔서 감사합니다.
4. 얄미운 짓을 한 동료에게 화내지 않았던 저의 참을성에 감사합니다.
5. 좋은 책을 읽었는데, 그 책을 써 준 작가에게 감사합니다.

그녀는 자신의 감사 목록을 기록하며 인생의 소중한 것이 무엇이며, 삶의 의미를 깨닫고 있는 것이다. 감사는 인간의 삶의 희망의 원천이며 활력소이다. 아주 작은 것에도 감사하고, 일상적인 것들에 감사하고, 이해할 수 없어도 감사를 찾아야 한다.

『감사의 힘』이란 책에 다음과 같은 주장이 실려 있다.
"에이멘 박사는 감사한 생각을 가질 때 뇌의 활동이 활발해지고, 모든 부위가 최대한의 기능을 발휘한다고 강조한다. 대회상 전부와 좌뇌간 신경질의 활동이 원활해지면, 적응력이 증대되고 의욕이 넘치며 신체의 기관이 활발하게 상호 협력해 나간다. 또한 집중력이 높아져서 한 생각에서 다른 생각으로 쉽게 전환하며 기억력도 증대된다. 소뇌 활동도 활발해져서 몸에 에너지가 넘치고, 신체 모든 부위의 기능도 조화를 이룬다. 좌 뇌엽의 활동이 왕성해지면 분노나 과격한 행동, 우울한 생각이 찾아들지 않는다."라고 말한다.

하박국 3:17-18 "비록 무화과나무가 무성하지 못하며 포도나무에 열매가 없으며 감람나무에 소출이 없으며 밭에 먹을 것이 없으며 우리에 양이 없으며 외양간에 소가 없을지라도 나는 여호와로 말미암아 즐거워하며 나의 구원의 하나님으로 말미암아 기뻐하리로다"

"비록 무화과나무가 무성치 못하며… 외양간에 소가 없을지라도…" 이런 표현은 이스라엘의 농경 생활을 단적으로 보여주는 것으로 하박국은 생존권에 관한 전반적인 문제를 열거하고 있다.

이스라엘은 황폐한 경제 현실에 직면한 것이다. 그런데 감사하겠다는 것이다. 감사할 수 없는 환경이지만, 나는 감사하겠다는 마음을 가져야 한다. 하나님을 믿기 때문이다. 이 열악한 환경을 바꿔 놓을 수 있으시기 때문이다. 만약에 감사할 수 있다면 당신은 우울증의 어두운 터널을 빠져나오기 직전인 것이다. 끝이 보이기 시작하는 것이다. 억지로라도 "감사합니다." 말하기 시작하라. 습관은 제2의 천성이라는 말이 있다. 습관적 감사가 나를 감사의 사고체계로 만들어 감사를 가져오게 할 것이다.

감사의 조건을 찾으라! 없습니까? 그럼 이렇게 말해보자! "그래도, 감사합니다."

빌립보서 4:6-7절 "아무 것도 염려하지 말고 오직 모든 일에 기도와 간구로, **너희 구할 것을 감사함으로 하나님께 아뢰라** 그리하면 모든 지각에 뛰어난 하나님의 평강이 그리스도 예수 안에서 **너희 마음과 생각을 지키시리라**"

4) 전문가의 도움을 받아라

필자의 경험으로 볼 때 상담해 보면 스스로 파악할 수 있다 나에게 도움이 되는 사람인지, 안 되는 사람인지! 도움을 줄 사람을 소개 받는 것이 중요하다. 신학적인 지식이 있다고 이 분야에 전문가는 아니다. 오히려 신학적 지식이 치료를 방해하는 경우가 종종 발생한다. 특히 보수적인 성향의 목사님은 우울증을 앓고 있는 중에도 정신과 의사의 처방만을 고집하는 경우가 많다.

필자도 보수신학을 했기에 방언이나 성령의 은사를 터부 시 했고, 성령의 역사는 이미 오순절로 제한되었다는 성령론으로 교육을 받았기에 많은 시행착오를 겪었다. 그 후『아쳐 토레이의 성령론』과『차영배박사의 성령론』등 그 분야의 책들을 접하고, 체험하면서 선지식을 버릴 수 있었다. 사람의 고정관념이라는 것은 쉽게 바뀌지 않는다. 그렇기에 심리학에서는 선 지식이 후 지식을 지배한다고 말한다.

우울증은 반드시 의사의 처방과 도움을 받아야 한다. 또한 반드시 그 분야의 목회자의 도움도 받아야 한다. 왜냐하면 의사는 영적인 분야를 모르기 때문이다. 만약, 정신과 의사가 신실한 크리스챤이면서 영적인 분야에 대해 지식을 갖고 있다면 금상첨화다.

5) 치료를 돕는 말을 사용하라

말은 치료뿐만 아니라 인간의 혼과 영의 성장에 큰 영향을 끼친다. 비록 심적 상태가 불안하고 두려운 낙심 가운데 빠져 있다고 해도 말을 하면 그 상황을 빠져 나와 앞으로 전진할 수 있게 만든다. 그런 말들은 마음의 변화와 삶의 자세를 바꾸어 주는 힘을 가지고 있다.

더글러스 블로흐(Douglas Bloch)는 『치유하는 말들 : 삶을 위한 긍정적 명제와 명상』에서 치유를 돕는 말은 몇 가지 원리에 기초하고 있다고 설명하였다.
- 우리의 외적 실제는 우리가 지니고 있는 지배적인 신념과 생각들의 표현이다.
- 신념이 변하면 삶의 자세도 변화 된다.
- 우리가 지니고 있는 생각과 신념은 발설된 언어나 기록된 언어를 통해 반영된다.

친한 목사님 중에 인사를 "할렐루~야"라고 하는 목사님이 계신다. 계속 교제하다 보니 나도 모르게 나의 인사법도 "할렐루~야"로 변한 것을 알게 되었다.

이 말을 자주 반복하게 되므로 부정적인 언어가 없어지고 긍정적 신념과 가치로 변하는 것을 알게 되었다. 우리의 언어는 나 자신과 다른 이들에게 치유와 영적 성장을 가져다주는 창조적인 생명력이 있음을 알아야 한다.

성경은 이렇게 말씀하고 있다.
"내 믿음대로 되리라" 이는 내 말한 대로 된다고 해석할 수도 있다.
우리가 치유의 언어를 말해야 하는 것은 또 하나님의 역사를 불러들이기 때문이다.
민수기 14:28에 이렇게 기록되어 있다. "그들에게 이르기를 여호와의 말씀에 나의 삶을 가리켜 맹세하노라 **너희 말이 내 귀에 들린 대로 내가 너희에게 행하리니**"
네 말이 내 귀에 들린 대로 내가 시행하리라고 말씀하셨다.

이렇게 말해 보자.
- 하나님은 나를 지키신다. 하나님은 사망의 음침한 골짜기에서 나를 보호 하신다.
- 하나님은 나를 사랑하신다. 하나님은 나와(지금, 언제나) 함께 하신다.
- 하나님은 나를 치유하신다. 하나님은 능치 못하실 일이 없다.

이런 말들을 자주 반복하게 되면 우리의 영혼에 힘을 줄 뿐만 아니라, 하나님의 현존을 더 가까이 의식하게 되어 심리적 우울함과 불안과 근심으로부터 이탈하게 한다. 이런 표현들과 경험들을 내가 자주 접하는 곳이나 눈에 잘 띄는 곳에 붙여 놓는 것도 좋은 방법이다.

6) 약 복용의 문제에 대해서

아스피린 약물은 혈액을 묽게 하는 등의 부작용이 있듯이, 항정신병 약물 역시 부작용이 있다.

졸림, 어지러움, 입이 마름, 시야가 흐림, 안절부절하지 못함, 수면 곤란, 가만히 앉아있지 못함, 어지러움, 근육이 굳음, 코 막힘, 식욕증가, 햇볕에 감수성이 증가함, 변비 등 여러 증상들로 나타난다.

일련의 문제들로 약을 먹을 것인가? 말 것인가? 묻는 내담자들이 많이 있다. 우울증 약은 독하기 때문에 복용하는 사람들은 부작용을 너무 잘 알고 있다. 그래서 약 처방을 골라 먹기도 한다. 필자도 이와 같은 경험을 해 보았다.

그래서 경험한 바에 의해 말하고 싶다. 어떤 사람들은 전적으로 하나님만 의지해야 된다면서 약을 먹지 못하게 한다. 그렇지 않다. 부작용이 심하면 의사와 상담하여 조절하고 반드시 약을 복용하면서 치료해야 한다. 약은 하나님께서 주신 일반은총이고 선물이다.

예를 들면 교통사고, 뇌종양, 뇌졸중 등으로 인해 뇌가 손상이 되어 정신이상을 보이는 경우에는 약물을 투여하여 회복시키는 것이 정상적인 치료방법이다.

우리가 소화불량에 걸리면 소화제를 먹어 소화를 촉진시키듯이, 항우울제는 정신적 안정에 필요한 호로몬을 분비 시키주므로 큰 도움이 된다.

필자가 만난 사람 중엔 조현중(정신분열증)을 보이는 초등학교 교사가 있었다. 축귀사역을 하였으나 쉽게 제압되지 않았다. 그러던 중 잠을 자기 시작했다.

보호자에게 물어보았더니 몇 일간 잠을 자지 못한 것을 알게 되었다. 잠을 자지 않으면 극도로 정신상태가 쇠약해지므로 의사의 도움으로 잠들게 할 필요가 있다. 이때는 정신병원에 입원시켜야 한다. 병원에서 안정을 취하면 어느 정도 회복된다.

의사를 신뢰하여야 한다. 그러나 약을 의지하지 않아도 될 때가 있다. 자신이 더 잘 안다. 마음에 담대함이 생겼을 때다. 뭔가 아직 불안하다면 약을 복용하라. 하나님께서는 약을 먹는다고 치료를 거부하지 않으신다.

필자의 소견인데, 정신분열증 환자는 정신 병원에 입원시키는 것이 제일 안전하다. 왜냐하면 환자를 24시간 간호해야 한다. 적절한 약물치료를 받으면서 뇌에 필요한 호로몬 분비를 촉진 시켜야 하기 때문이다. 혼자 있도록 방치해선 안된다. 내담자를 입원 시킨 상태에서 상담하는 것이 제일 좋은 방법이다.

7) 우울증이 우리에게 요구하는 목적은 자살이다

성경은 "도적이 오는 것은 도적질하고 죽이고 멸망시키려는 것이다"고 말씀한다(요10:10).

가룟 유다 역시 심한 우울증으로 자살을 선택한 것이다. 엘리야도 죽기를 구하지 않는가? 우울증이 심한 경우, 대부분의 내담자들은 자살을 생각해보았다고 한다.

필자도 마찬가지다. 그 후로 자살을 생각하는 사람을 이해하게 되었다. 만약에 크리스챤이 아니었다면 어디까지 진행되었을지 모른다. 예수를 믿는다는 것이 얼마나 소중하고 감사해야 할 일인지 그때 알게 되었다.

우리는 자살을 선택할 수 없다. 진짜 소망이 자살이 아닌 예수님께 있다고 믿어지는데 어찌 자살을 선택할 수 있겠는가?

주께서 나와 함께 계신다는 사실이 믿겨지지 않지만, 극한 순간에는 반드시 주님은 찾아오신다. 그리고 말씀하실 것이다. 그런데 거부한다면 진정 예수를 믿는 사람인지 의심을 하지 않을 수 없다.

하나님을 찾으라, 찾고 또 찾으라. 그러면 반드시 만나 주신다(렘 29:12).

하나님을 만나라. 그러면 다시 오뚜기처럼 벌떡 일어설 것이고, 또 다른 소망을 갖고 어둡고 캄캄한 터널 속에서 한 줄기 희망의 빛을 보게 될 것이다.

7. 우울증에 걸린 엘리야의 치유과정

1) 엘리야가 우울증에 걸렸다고 보는 이유〈왕상19장 1-16절 해석〉

열왕기하 19장 1절 "고하니" : 히브리어 '나가드'는 '알게 하다'라는 뜻이다. 그런데 이 말에는 '넌지시 알리다'라는 뜻의 어감이 들어 있다.

18장에서 불을 내린 이적과 바알선지자 모두를 칼로 죽인 위업을 목도한 아합은 이세벨에게 넌지시 알린다. 일국의 통치자가 줏대 없이 그 모든 사실을 왕후 이세벨에게 고하고 만다. 여기서 아합의 유약한 면과 여기저기에서 나타나는 이세벨의 과단성을 극명하게 볼 수 있다.

2절 "이세벨이 사신을 엘리야에게 보내어 이르되 내가 내일 이맘때에는 반드시 네 생명을 저 사람들 중 한 사람의 생명과 같게 하리라 그렇게 하지 아니하면 신들이 내게 벌 위에 벌을 내림이 마땅하니라 한지라"

"**내일 이맘때에는**" 진노한 이세벨은 왜 오늘 당장 엘리야를 처단하려 들지 않았을까? 이에 대하여 많은 주석가들은 이세벨이 엘리야를 위협하여 멀리 쫓아내려는 의도를 가졌기 때문으로 설명한다. 왜냐하면 갈멜산상의 승리로 말미암아 백성들의 환호에 싸인 엘리야(18:30-40)를 직접적으로 처단하기는 어렵다고 이세벨이 판단했기 때문이라 한다. 그러나 이세벨의 잔인하고 과감한 성격을 감안할 때 그러한 설명은 설득력이 적어 보인다.

도리어 이세벨은 엘리야를 공개 처형할 의사를 전했다고 봐야 한다. 즉 이세벨은 다음날 백성들이 보는 앞에서 엘리야를 처형함으로써 전날 백성들이 받은 충격을 무력화하려 한 것이다. 아무튼 이세벨의 위협이 실제적인 생명의 위협이었음을 보여 주고 있다.

3절 "**그가 이 형편을 보고 일어나 자기의 생명을 위해 도망하여…**"
개역성경은 "**이 형편을 보고**": 히브리어 '라아'는 단순히 '바라보다'라는 뜻이다. RSV 성경은 당시의 상황에서 엘리야가 이를 '두려워했다(he was afraid)'로 번역하였다. 공동 번역도 '두려워 떨며'로 번역하고 있다.

"**그 생명을 위해 도망하여 브엘세바에 이르러**" 이세벨의 단호한 경고에 부딪친 엘리야는 할 수 없이 도피 길에 오른다. 이적과 능력의 종으로서의 모습을 온 백성들에게 떨쳐 보였던 엘리야가 하루아침에 이처럼 황망히 도피 길에 오르는 모습은 실로 아이로니칼하다. 전에도 생명의 위협은 여러 번 겪지 않았는가? 그때의 담대함은 어디로 사라진 것인가? 이번에는 달랐다. 죽음의 공포를 느낀 것이다. 우울증 환자들의 특징 중에는 이전에 대수롭지 않게 여길 수 있던 것을 심각하게 받아들이는 경향이 있다. 그로인해 극심한 공포심을 갖는다.

"여호와여 넉넉하오니 지금 내 생명을 거두시옵소서"
"넉넉하오니" 히브리어 '라브'는 '충분하다(enough)'라는 뜻이다. 그러나 이는 희망을 상실한 사람의 체념을 나타내는 말이다. 그러므로 공동 번역은 그러한 뜻을 보다 직접적으로 "이제 다 끝났습니다"로 표현하고 있다.

여기서 극심한 두려움에 안절부절 하며, 급기야 생명의 포기를 선언하는 엘리야의 모습에서 우울증 환자들이 겪는 일련의 장면과 유사한 반응을 볼 수 있다.

2) 치료과정

먼저, 하나님께서는 천사를 보내셔서 위로 하셨다.

* 위로가 필요하다
5절에 "로뎀나무 아래 누워 자더니 천사가 어루만지며"
"어루만지며"는 위로를 의미한다. 이처럼 이해해 주고 몸으로 혹은 말로 위로해 주고 쓰다듬어 주면 놀라운 회복이 일어난다. 하나님께서는 우리에게 천사 같은 사람을 보내서 위로하시고, 우울증을 가지고 있는 사람들에게 찾아가 용기와 희망을 주고 위로하길 원한다. 만나서 대화하며 그들의 말을 들어주는 것이 큰 영향을 준다

* 식탁 교제하라
5절 "로뎀나무 아래 누워 자더니 천사가 어루만지며 이르되 일어나

서 먹으라 하는지라"

하나님께서는 피곤하고 지친 엘리야를 고치기 위해서 먼저 천사를 보내서서 재우고 먹이고 재우고 먹이고 반복하신다.

잠을 이루지 못하는 불면증으로 고통을 당해 본 적이 있다. 잠을 잘 수 있다는 것은 축복이다. "여호와께서 그 사랑하시는 자에게는 잠을 주시는도다"(시127:2).

수면은 일정시간 동안 마음과 몸의 활동을 쉬면서 의식이 없는 상태로 있기 때문에 과도한 뇌의 활동을 회복시켜 정상으로 돌려주는 기능을 한다.

대개 우울증에 걸린 사람들은 며칠씩 먹지 않아 영양상태가 나쁘다. 평소 좋아하는 음식이나 먹고 싶어하는 것을 나눠라.

식욕 부진으로 인해 전신 쇠약이 있을 때에는 특히 적절한 영양 공급을 하는 것이 중요하다.

먹고 싶지만, 음식을 먹을 때 공격이 오면 불안해 먹지 못한다. 그러면 생각을 바꾸도록 유도하면서 식탁교제를 해야 한다.

필자는 내담자들과 식탁교제를 하면서 유심히 살핀다. 그러면 대화에 집중하지 못하고 음식을 입에 넣지 못하는 것을 자주 본다. 그때 마귀의 공격 받고 있는 거야 괜찮아! 먹어. 숨 한번 깊이 들이시고, 주여! 할렐루야! 한 번 속으로 외치라고 하며 음식을 권한다.

잠을 통해서, 음식을 통해서 육체와 정신이 안정을 찾게 만들고, 원기를 돋우어 주어야 한다(잠을 이루지 못하는 경우에 잠을 자게 하는 것도 좋은 방법이다. 그래서 신경과 처방전에 수면제를 포함시킨다).

* 하나님의 산을 찾으라

8절에 "하나님의 산 호렙에 이르니라"

호렙산은 모세가 하나님께 언약의 말씀을 받은 유서 깊은 곳이다. 이곳에서 하나님이 만나주신 것은 엘리야의 신앙을 치료하기 위해서다. 하나님은 그곳에서 강한 바람과 지진과 불을 보여주셨다.

그러나 강한 바람과 지진과 불 가운데 하나님이 계시지 않았다. 화려한 예배와 찬양이 있는 집회나 사람이 뭔가 있을 것 같은 장소에도 하나님이 계시지 않으신다. 그런 집회 장소나 사람을 만나러 가지 말라.

아직 그럴 때가 아니다. 특히 우울증 환자들에게 하고 싶은 말이다. 그 곳에서 치료가 일어나지 않기 때문이다. 필자도 수많은 집회와 유명한 치유사역자들에게 안수를 받아보았다. 그러나 우울증은 신유기도 한, 두 번 받는다고 치유되는 것이 아니다. 주위의 시끄럽고 요란한 분위기와 다른 개인적인 만남의 장소를 찾는 것이 중요하다.

* 하나님을 만나다

12~13절 "또 지진 후에 불이 있으나 불 가운데에도 여호와께서 계시지 아니하더니 불 후에 세미한 소리가 있는지라 엘리야가 듣고 겉옷으로 얼굴을 가리고 나가 굴 어귀에 서매 소리가 그에게 임하여 이르시되 엘리야야 네가 어찌하여 여기 있느냐"

이번에는 단지 고요했다. 보이는 것도 없고, 흔들리는 것도 없었다. 그러나 그때 세미한 음성이 있었다. 거기에 하나님께서 계신 것이다. 아무도 도와주는 이 없고 홀로 남았다고 생각하지 말라 혼자가 아니다. 나와 같은 고통을 겪으며 살아가고 있는 수많은 사람들이 있다. 지금도 믿음을 지키려고 고난의 행진을 계속하는 7,000여 명이 있다.

엘리야의 우울증의 치료에서 보듯이 우울증 치료의 핵심은 하나님을 만나는 것이다. 하나님을 대면한 사람은 달라진다.

형 에서의 군대가 다가오자 두려움에 떨며 뒤쳐져 있던 야곱이 하나님을 만나고 나서 앞서 나가 에서를 만나는 것처럼(창36장), 다윗이 이스라엘 군대를 공포로 몰아넣은 골리앗 앞에 당당하게 나아가듯이, 어둠의 세력들을 향하여 전쟁을 선포하고 대적할 용기와 담대함이 마음 깊은 곳에서 솟아오를 것이다.

하나님을 만나러 호렙산을 찾기 바란다. 고요한 중에 세미한 하나님의 음성을 듣기 바란다. "길르앗에는 유향이 있지 아니한가 그곳에는 의사가 있지 아니한가 딸 내 백성이 치료를 받지 못함은 어찜인고"(렘 8:22). 하나님과의 만남은 우울증 치료의 시작이며 끝이다.

* 사명을 발견하라

15-16절 "여호와께서 그에게 이르시되 너는 네 길을 돌이켜 광야를 통하여 다메섹에 가서 이르거든 하사엘에게 기름을 부어 아람의 왕이 되게 하고 너는 또 님시의 아들 예후에게 기름을 부어 이스라엘의 왕이 되게 하고 또 아벨므홀라 사밧의 아들 엘리사에게 기름을 부어 너를 대신하여 선지자가 되게 하라"

사명을 발견하는 것은 어두운 터널에서 희망의 빛줄기를 발견하는 것과 같다. 자식 때문에, 남편 때문에라도 살아야 한다는 마음가짐은 삶의 희망을 불러일으킨다. 지금 엘리야는 자기의 과업을 다 완수한 후다. 더 이상 할 일이 없다고 생각했다. 그런데 새로운 미션이 주어진 것이다. 내가 살아야 할 이유가 여기 있다.

내담자 중에 교통사고로 인해 종양을 발견한 후 시력이 나빠진 여성이 그 사고로 인해 우울증을 앓고 있었다. 3년 동안을 공황장애로 인해 일주일에 한 번 정도 병원 응급실을 찾았다고 한다. 필자를 만나 회복 된 후 운동도 하며 새벽마다 차를 끓여 노방전도에 열심을 내며 치유하신 하나님을 소개하고 있다.

지금은 같은 병으로 고통당하는 사람들을 충분히 도울 수 있게 되었다. 처지가 같은 사람들이 도처에서 신음하고 있다. 그들에게 기름 부어 하나님의 군사로 세우는 사명이 우리에게 주어진 것이다.

얼마 전 '올해의 장애인상'을 받은 현귀섭 목사도 어린 시절부터 심한 조울증을 앓아 왔다고 한다. 너무 괴로워 죽음의 문턱까지 갔으나 지금은 치료와 신앙으로 이를 극복하고 동산정신장애인 직업재활센터를 설립하는 등 목회와 함께 정신 장애인들의 자립을 위해 헌신하고 있다고 한다.

8. 공황장애를 극복시키는 바울

사도행전27장 1절-44절에서 보는 바울의 공황장애 대처방법

1) 공황장애에 빠지다(18-20절)

"우리가 풍랑으로 심히 애쓰다가 이튿날 사공들이 짐을 바다에 풀어 버리고 사흘째 되는 날에 배의 기구를 그들 손으로 내버리니라 여러 날 동안 해도 별도 보이지 아니하고 큰 풍랑이 그대로 있으매 구원의 여망마저 없어졌더라"

바다의 풍랑은 잠잠해질 기미를 보이지 않고 하늘에 끼인 짙은 구름은 낮의 해와 밤의 별빛을 완전히 차단하였으므로 배는 방향 감각을 상실한 채 절망적인 표류를 하고 있었다. 항로를 이탈한 배에 방향을 제시해 주는 해와 별마저 보이지 않는 것은 언제 어디서 암초를 만나거나 모래톱에 걸려 파선될지 예측할 수 없기 때문에 죽음에 자신

을 그대로 내맡기는 무방비 상태와 마찬가지이다.

이러한 상황에서 그들은 살아 돌아갈 희망을 상실하게 된 것이다.

"큰 풍랑이 그대로 있으매 구원의 여망마저 없어졌더라"

공황장애를 겪는 사람은 본문의 상황과 비슷하다. 불청객처럼 소리 없이 찾아오는 생명의 위협앞에 앞으로 살아갈 것을 생각하면 망연자실할 뿐이다.

필자가 우울증을 겪을 때 아내는 임신한 상태였다. 자식에 대한 기대보다 앞으로 이 아이가 태어나서 나와 같은 병에 걸리면 어떻게 하나, 차라리 태어나지 않는 것이 더 낫겠다는 생각을 가진 적이 있다.

배의 모든 기구들을 자기 손으로 다 버리면서 어떻게든 살아보려고 애쓰는 선원들처럼 백방으로 노력해 보았지만 해결의 기미가 보이지 않았기 때문이다.

갑자기 다가서는 공황장애는 언제 죽을지 모른다는 심각한 고민에 빠지게 하고 삶의 희망을 빼앗아 간다.

2) 공황장애를 만나게 된 원인(21절)

"여러 사람이 오래 먹지 못하였으매 바울이 가운데 서서 말하되 여러분이여 내 말을 듣고 그레데에서 떠나지 아니하여 이 타격과 손상을 면하였더라면 좋을 뻔하였느니라"

배고픔과 절망 속에 빠져 있는 사람들에게 바울은 지난날 자기의 권고를 받아들이지 않아 불행한 상황에 처하게 되었음을 지적한다.

바울이 절망과 낙담 속에 있는 사람들에게 그들의 과거 잘못을 들추어내는 것은 결코 그들을 책망하려는 것이 아니다.

그들의 잘못된 판단과 자신의 옳은 판단을 다시 한 번 확인시키므로 지금부터 자기가 하나님을 힘입어 판단하고 지시하는 일에 대해 사람들이 믿고 따라주기를 바라는 마음에서였다.

우울중의 원인은 하나님의 말씀대로 살지 않았기 때문에 오는 것이 확실하다(신28:28).

선장이 바울의 말을 듣지 않았기 때문에 폭풍 속에서 생명의 위협을 겪는 것처럼, 성경은 불순종 때문에 오는 재앙임을 분명하게 상기시키고 있다. 그렇다면 해결의 열쇠도 하나님께 있다는 것을 알아야 한다.

3) 공황장애를 극복하는 방법(22-25절)

"내가 너희를 권하노니 이제는 안심하라 너희 중 아무도 생명에는 아무런 손상이 없겠고 오직 배뿐이리라 나의 속한 바 곧 나의 섬기는 하나님의 사자가 어제 밤에 내 곁에 서서 말하되 바울아 두려워하지 말라 네가 가이사 앞에 서야 하겠고 또 하나님께서 너와 함께 항해하는 자를 다 네게 주셨다 하였으니 그러므로 여러분이여 안심하라 나는 내게 말씀하신 그대로 되리라고 하나님을 믿노라"

● **안심하라… 배 뿐이리라**

바울은 희망적인 발언을 노래하기 시작한다.

지금 배에 타고 있는 사람들에게 가장 무서운 적은 풍랑이나 배고픔이 아니다. 삶을 포기하고 절망 가운데 빠져있는 것이다. 그래서 바울은 먼저 그들의 불안을 제거시키기 위해 배는 잃게 될지라도, 목숨만은 결코 잃지 않을 것이라고 단언한다.

필자는 바울처럼 이렇게 말하고 싶다. "공황장애로 인해 기절하거나, 심장마비, 호흡곤란으로 죽는 사람은 없다. 이는 의사들이 말하는 정설이다. 결코 죽지 않는다. 죽음의 위협만 있을 뿐이다.

사단은 겁만 줄 뿐 하나님의 허락 없이 어떻게 하지 못한다(욥1:12).

천로역정에 보면 그리스도인이 여행하는 길에 두 마리의 사자를 보고 두려워 앞으로 가지 못하다가 자세히 보니 목이 줄에 묶여 있어 해할 수 없는 것을 알았던 것처럼 죽음의 공포로 위협할 수는 있지만, 죽일 수는 없다는 사실을 알아야 한다."

"**나의 속한 바 곧 나의 섬기는 하나님의 사자가 어제 밤에 내 곁에 서서 말하되 바울아 두려워하지 말라 네가 가이사 앞에 서야 하겠고 또 하나님께서 너와 함께 항해하는 자를 다 네게 주셨다 하였으니**"(24)

유라굴라라는 거대한 광풍을 만났을 때, 어떻게 해야 두려워하지 않을 수 있을까? 하나님께서 지켜주심을 어떻게 믿을 수 있을까?

그것은 바울처럼 전능하신 하나님의 음성을, 하나님의 말씀을 들을 때 가능해진다.

아브라함이 롯을 구출하고 난 뒤, 5개 동맹국에 대한 두려움을 떨쳐버릴 수 있었던 것도, 모세가 이스라엘 백성들을 애굽에서 이끌어낼 수 있었던 것도, 여호수아가 두려움을 박차고 담대하게 일어나 가나안을 정복해 나갈 수 있었던 것도 하나님의 말씀을 들었기 때문이다.

필자도 포기하지 않고 끈질기게 우울증의 공격에 맞서 싸웠던 것도 위기 때마다 찾아오시는 하나님의 손길을 느꼈기 때문이다.

폭풍우가 몰아칠 때 우리는 두려워하지 않을 수 없다. 그런데 하나님은 조용히 다가오셔서 두려워하지 말고 믿기만 하라 말씀하신다. "무슨 일을 만나든지, 무슨 일을 당하든지 항상 언제나 두려워하지 말라"고 하신다.

늘 언제나 늘 가까이 항상 내 곁에 계시면서 온갖 위험에서 지켜주신다(사43:2)고 약속 하신다.

이사야 55:3절에 이렇게 말씀하고 있다. **"너희는 귀를 기울이고 내게로 나아와 들으라 그리하면 너희의 영혼이 살리라"**

23절을 보면 **"하나님의 사자가 어제 밤에 내 곁에 서서 말하되"**
바울은 어젯밤 풍랑이 무섭게 몰아칠 때, 생명의 위협을 느꼈을 때 무엇을 했을까? 사람들은 두려워 떨며 어찌할 바를 몰라 요동하고 있을 때 바울은 기도했던 것이다. 기도할 때 하나님의 음성을 듣게 되었다.

우주는 온갖 소리로 가득 차 있다. 그 속에서 하나님의 음성을 듣기가 쉽지 않지만, 부단히 노력해서라도 하나님의 주파수를 찾아야 한다.
기도하는 사람은 주파수 번호를 발견하게 될 것이다. 그리고 "○○아 두려워 말라" 주님의 음성을 들을 수 있을 것이다.
여기서 중요한 것은 하나님의 음성과 사단의 음성을 분별하는 것이다. 우울증이 심해지면 환청을 듣게 되는데, 사단은 환청을 통해 공격한다. 식별 방법은 두려운 마음이나 부정적이고 절망케 하는 소리는 하나님이 주시는 마음과 음성이 아니라는 것을 알아야 한다. 그때는 단호하게 대처해야 한다.

25절 **"그러므로 여러분이여 안심하라 나는 내게 말씀하신 그대로 되리라고 하나님을 믿노라"**
바울은 하나님께서 주신 계시에 의거해서 사람들을 안심시키려고 애쓰고 있다. 하나님의 신실하심에 대한 바울의 믿음은 매우 확고하다.

이런 사람은 "환경이 어떠하든지, 그 환경을 보고 사람들이 뭐라고 말하든지, 의심하지 않고 나는 내게 말씀하신 그대로 되리라고 하신 하나님을 믿는다"고 말한다.

기독교는 믿음을 중요시 여기는 믿음의 종교이다. 이 믿음이 없이는 하나님을 기쁘시게 할 수 없다(히11:6).

주께서는 믿음 없음을 책망하신다(마10:26, 11:20; 눅12:28).

믿음이 있느냐, 믿음이 없느냐는 하나님의 나라와 문제해결에 가장 중요한 요소임을 성경은 여러 번 강조하고 있다(마8:13, 9:29, 15:28).

독일 쾰른 지하 동굴에 있는 무명시인의 글이다.

〈나는 하나님을 믿노라〉

나는 믿노라 나는 태양이 있음을 믿노라
태양이 구름에 가려 빛나지 않을지라도
사랑이라곤 조금도 느껴지지 않을지라도
나는 사랑을 믿노라 나는 하나님을 믿노라
하나님께서 침묵 속에 계시더라도
(나는 비록 햇빛이 비치지 않을지라도 나는 태양이 있음을 믿노라
내가 비록 그 사랑을 느끼지 못할 지라도, 나는 사랑이 있음을 믿노라
나는 비록 그가 침묵을 지키실지라도, 나는 하나님이 계심을 믿노라)

민수기 23:19절에 이렇게 말씀하신다. "**하나님은 사람이 아니시니 거짓말을 하지 않으시고 인생이 아니시니 후회가 없으시도다 어찌 그 말씀하신 바를 행하지 않으시며 하신 말씀을 실행하지 않으시랴**"

제2편

우울증치료의 실재

1. 우울증 환자를 대할 때 주의할 사항

1) 지나치게 축귀기도로만 해결하려 하지 말라

우울증은 귀신들림의 현상이 아니고 귀신들의 공격을 받아 영의 기능이 심리적으로 위축되어 두려움과 불안, 죄책감 등이 수반되자 억압의 귀신(demonic spirit of oppression)이 그의 마음과 생각에 틈타고 들어와 보다 더 깊은 어둠 속으로 이끌고 있는 상태다.

물론 축귀기도를 할 경우 떠날 것이다. 그리고 일시적으로 안정을 찾을 수 있다. 그러나 우울증을 초래하게 만든 원인들을 제거하지 않은 상태에서는 또다시 깊은 우울증에 빠지게 된다.

예레미야 6:14절은 이렇게 말씀하고 있다. "그들이 내 백성의 상처를 심상히 고쳐주며 말하기를 평강하다 평강하다 하나 평강이 없도다"

이런 경우는 두통을 호소하는 환자에게 임시적 방편으로 아스피린 처방을 내린 것과 같은 것이다. 어둠의 세력들이 나가니까 잠시 호전

돼 보일 수 있지만, 전반적인 내담자의 영적, 정신적 상황이 변화되지 않았기에 오히려 역효과를 가져올 수 있다.

"더러운 귀신이 사람에게서 나갔을 때에 물 없는 곳으로 다니며 쉬기를 구하되 얻지 못하고 이에 이르되 내가 나온 내 집으로 돌아가리라 하고 가서 보니 그 집이 청소되고 수리되었거늘 이에 가서 저보다 더 악한 귀신 일곱을 데리고 들어가서 거하니 그 사람의 나중 형편이 전보다 더 심하게 되느니라"(눅11:24-26)

내담한 한 청년도 우울증으로 15년을 넘게 고생하면서 안수기도도 많이 받아보았지만 아무 효과가 없었다고 한다. 필자 역시 이런 경험을 수없이 했다. 심지어 눈 안수기도까지 받아보았다. 그 후로 난시가 되었고, 시력은 나빠져 안경을 끼게 되었다. 우울증이나 정신분열증은 누구의 도움에 의해서 해결되는 것이 아니라 자신이 강한 정신력과 하나님의 도움을 힘입어 어둠의 세력들과 싸워서 극복하게 만드는 것이 가장 이상적인 치료법이다.

2) 주님께 의탁하는 인상을 주지 말라

왜냐하면 우울증환자들은 스스로 지금까지 주님께 의탁해 왔지만, 여전히 실패했고 도움을 받지 못한다고 생각하고 있기 때문에 상담자도 믿지 않게 된다.

3) 우울증 환자에게서 나타나는 증상에 관심을 기울이라

아주 사소한 변화에도 긍정하고 칭찬해 주는 것이다. 오늘은 좋아

보인다, 옷 색깔이 멋지네, 잘했어, 어제 잠 못 잤다면 그래 어제 전투가 심했나 보구나 다시 한번 해 보자구 등으로 칭찬과 격려를 적절하게 활용하라.

4) 자신감을 가지고 대하라

우울증환자에게 내가 도와줄 수 있다. 내가 만났던 환자들 중에 내 말을 듣고 고침 받지 못한 사람은 한 사람도 없다. 나는 당신이 우울증에서 벗어날 수 있게 할 수 있다는 믿음을 심어줘야 한다.

내담자는 신뢰할 수 있을 만한지 이미 탐색을 시작했고, 상담자의 실력과 도울 수 있는 사람인지를 탐색하고 있다. 그러므로 자신감 없는 행동은 내담자에게 신뢰를 주지 못하므로 더 이상 상담하려고 하지 않는다.

5) 우울증 환자를 진지하게 대하라

우울증환자는 기분이 좋은 상태는 아닐 것이다. 그렇다면 내담자에게 나는 당신의 고통을 함께 나누고 싶다는 것을 알려줘야 한다. 내담자가 마음을 닫으면 더 이상 진전은 없다. 마음을 열도록 하는 것이 중요하다. 그것은 주께서 하신 말씀처럼 우는 자들과 함께 우는 것이다.

6) 혼자 있게 하지말라

혼자 있으면 여러 가지 잡념들이 떠오르므로 사로잡히게 된다. 그런 생각을 미연에 차단하는 방법으로 사람들과 어울리게 하는 것이 큰 도움이 된다.

7) 부흥회나 기도회에 데리고 가지 말라

우울증 환자의 영은 정상적인 사람들과 같이 하나님의 말씀을 붙잡을 힘이 없을 뿐 만 아니라 하나님의 임재 가운데 머물 수 있을 만한 그 어떤 힘도 없기 때문에 예배에 빠져들지 못한다.

남들은 은혜 받고 있는데 자신은 아무 느낌도 없이 앉아 있어야 하는 것 자체가 분노와 슬픔의 감정을 부축이게 된다.

내담자 중 한 자매가 심한 우울증세를 보일 때, 남편은 부흥회에 데려간 적이 있었다고 말하면서 교회에 가면 은혜받고 울기도 잘한다는 것이었다. 그것은 은혜를 받아서가 아니라 신세 한탄이라고 상담한 적이 있다. 눈물을 흘리는 경우 은혜를 받아서 흘리는 눈물인지, 자신의 처지를 비관하고 슬픔에 잠겨서 흘리는 눈물인지 잘 구별해야 한다. 대부분은 후자다.

8) 영화나 TV 시청을 금지시켜라

자신의 증세와 유사한 내용이 나오거나 옛날 생각이 떠오르면 다시 급격히 고통을 호소하게 되는 경우가 있기 때문이다.

어떤 장면에 정신이상증세를 보이는 장면이 나오면 그렇게 될 것 같은 미묘한 감정과 심리적 고통을 동반하게 된다.

어느정도 진정된 후 자신의 힘으로 대처할 능력이 생긴 후 조금씩 노출시키는 것이 좋다. 그 시기가 너무 빠르면 부작용이 크다(정신과 치료방법 중의 하나로 '탈감각치료법' 이 있는데 불안과 공포를 느끼는 장소나 사람, 이야기를 접하게 하여 서서히 증세를 온화시키는 방법이다).

9) 내적치유 세미나에 참석하지 말라

　내적치유는 깊은 마음의 상처의 문제들, 즉 자신이 잘 의식하지 못하는 마음의 상처로 인한 상한 감정이 현재의 삶에 나쁜 영향을 미치므로 성령의 조명과 말씀을 통해 회복시키는 것인데, 우울증은 내면의 상처나 쓴 뿌리를 찾고 할 시간적 여유가 없다.

　우울증은 전쟁 중이기에 한가히 가계에 흐르는 저주나 쓴 뿌리를 찾고 제거할 시간이 없다. 죽느냐, 죽이느냐 전투상황이다. 그러므로 먼저 적과 싸운 후에 어느 정도 안정을 찾게 된 후에 그 문제들을 다루어야 한다.

　예) 어느 목사님 어머니가 우울증에 걸려 식사도 잘 못하면서 불면증으로 오랜시간 시달렸다고 한다. 그래서 내적치유로 유명한 강사를 알기에 보냈는데, 집에 왔을 때는 더 심해져 있었다고 하면서 강사와 다투었다고 필자에게 말한 적이 있다.

　필자는 내적치유가 잘못됐다는 것이 아니다. 일반 병원에서도 중환자가 오면 종합 병원에 보내듯이 우울증이 심한 사람은 내적 치유 프로그램만으로 다루어서는 안 된다. 필자가 책과 내적 치유 세미나를 한 주간 참석하여 내린 결론은 우울증 1단계, 초기 상태에서는 도움이 된다고 보았다.

10) 예수 그리스도를 믿지 않을 경우, 영접이 우선이다

　내담자가 예수님을 영접하지 않은 경우에는 이와 같은 방법을 사용할 수 없다. 그러므로 먼저 예수께서 우리의 죄 문제를 해결한 유일한 구원자가 되시며 사단의 권세를 파하시고 귀신들도 무서워 벌벌 떠는 전능하신 하나님이심을 성경을 찾아 주면서 복음을 전하여 예수님을 구주로 영접하도록 하는 것이 선행되어야 한다. 예수님이 누구신가에 대한 이해 없이는 그리스도의 보혈과 이름의 권세로 무장하고 대적할 수 없기 때문이다.

사도행전19장 11-16절을 보면 잘 알 수 있다.
"하나님이 바울의 손으로 놀라운 능력을 행하게 하시니 심지어 사람들이 바울의 몸에서 손수건이나 앞치마를 가져다가 병든 사람에게 얹으면 그 병이 떠나고 악귀도 나가더라 이에 돌아다니며 마술하는 어떤 유대인들이 시험 삼아 악귀 들린 자들에게 주 예수의 이름을 불러 말하되 내가 바울이 전파하는 예수를 의지하여 너희에게 명하노라 하더라 유대의 한 제사장 스게와의 일곱 아들도 이 일을 행하더니 악귀가 대답하여 이르되 내가 예수도 알고 바울도 알거니와 너희는 누구냐 하며 악귀 들린 사람이 그들에게 뛰어올라 눌러 이기니 그들이 상하여 벗은 몸으로 그 집에서 도망하는지라"

11) 상담자는 바울처럼 해산의 수고를 해야 한다(갈4:19)

우울증 환자들을 돕는 일은 쉽지 않다. 그리스도의 형상으로 회복시키는 데 오랜 시간을 요할 수도 있다. 어미가 자식을 키우듯이 끝없는 관심과 사랑이 필요하다.

12) 상담자는 끊임없이 성령의 기름부음을 사모하며 사역하여야 한다

성령의 기름부음을 사모하면서 기도를 쉬지 말라. 기도 없이는 이런 유가 일어날 수 없다.

사도행전 4:31을 보면 제자들이 붙잡혀 매를 맞고 협박을 받은 후에 그들은 다시 모였다. 그리고 기도한다. "빌기를 다하매 모인 곳이 진동하더니 무리가 다 성령이 충만하여 담대히 하나님의 말씀을 전하니라"

성령의 충만 없이는 사역을 감당할 수 없는 것이다.

"그가 내게 일러 가로되 여호와께서 스룹바벨에게 하신 말씀이 이러하니라 만군의 여호와께서 말씀하시되 이는 힘으로 되지 아니하며 능으로 되지 아니하고 오직 나의 신으로 되느니라"(슥4:6)

내 힘과 경험으로 되는 것이 아니다. 여호와의 신으로 말미암는다는 것을 잊어서는 안 된다. 그리스도인들이 싸워야 할 적들은 이런 연약하고 유한한 인간 본성이 아니라 악한 영적 세력들이다. 악한 영적 세력들은 하나님의 전신갑주를 입은 자들에게는 위협이나 해가 될 수 없으나 그렇지 못한 자들에게는 계속적으로 위험한 존재다.

이사야 61:1-3 "주 여호와의 영이 내게 내리셨으니 이는 여호와께서 내게 기름을 부으사 가난한 자에게 아름다운 소식을 전하게 하려 하심이라 나를 보내사 마음이 상한 자를 고치며 포로된 자에게 자유를, 갇힌 자에게 놓임을 선포하며 여호와의 은혜의 해와 우리 하나님의 보복의 날을 선포하여 모든 슬픈 자를 위로하되 무릇 시온에서 슬퍼하는 자에게 화관을 주어 그 재를 대신하며 희락의 기름으로 그 슬픔을 대신하며 찬송의 옷으로 그 근심을 대신하시고 그들이 의의 나무 곧 여호와께서 심으신 그 영광을 나타낼 자라 일컬음을 받게 하려 하심이라"

예수께서도 이 말씀을 선포하시며 공생애를 시작하셨다. 여호와의 신이 임하였을 때, 마음 상한 자를 고치고 포로 된 자를 자유케 할 수 있다.

13) 중보기도를 부탁하라

"우리의 씨름은 혈과 육에 대한 것이 아니요 정사와 권세와 이 어두움의 세상 주관자들과 하늘에 있는 악의 영들에게 대함이라"(엡6:12)

우리들의 싸움의 대상은 악한 세력들이다. 본문에서는 사단의 세력들을 세 가지(정사와 권세, 어두움의 세상 주관자들, 하늘에 있는 악한 영들)로 분류하고 있다. 그러므로 하나님의 사람들도 혼자가 아니라 같이 연합하여 사역을 감당하는 것이 더 효과적이고 시너지 효과를 가져온다.

필자도 사역을 할 때는 아내에게 중보기도를 부탁하고 내담자를 만난다.

14) 사역이 끝나면 내담자에게 기도하도록 하라

내담자의 마음 상태를 점검하기 위해서이다. 어느 정도 진전이 되었는지, 아무런 효과도 없었는지 기도를 들어보면 어느 정도 알 수 있다.

15) 통증의 원인을 파악하라

감기나 다른 질병으로 인한 통증(두통, 위통 등)과 우울증으로 인한 통증을 잘 분별해서 대처하라(질병으로 인한 경우 약을 먹어 통증을 제어해야 한다).

16) 내담자가 거짓으로 상담할 수 있다

상담자에게 부담을 느끼거나 상담하고 싶지 않을 때 모든 것이 순조

롭게 진행되는 것처럼 말한다. 그러므로 보호자와 같이 상담하는 것이 중요하고 보호자에게 과정을 듣는것을 빼 놓아서는 안된다. 내담자의 말과 행동을 유심히 살피면 알 수 있다.

17) 우울증이 치료된 후에

우울증을 겪은 사람들은 대부분의 생각들이 뚝뚝 끊어지고, 집중력이 다른 사람들 보다 현저히 떨어진다. 이는 순간순간 다른 생각들이 파고들어오기 때문이다. 대화 중에 상관성 결여(묻는 말과 상관없이 엉뚱하게 대답하는 것을 말한다), 또는 연관성 결여(이야기 하는 중에 앞뒤 연결이 제대로 안 되는 경우)의 증상이 나타나 상대방이 이상하게 보기도 한다. 심한 경우는 치료가 된 것이 아니다. 제대로 치료를 받아야 한다. 여기서 말하는 것은 약간 이상한 경우에만 해당되는 말이다.

이를 극복하기 위해서 집중력을 강화시키는 훈련을 해야 한다.

기도할 때에도 집중하지 않으면 다른 생각을 하는 경우가 많다. 이를 극복하는 방법 중의 하나는 성경을 소리 내어 읽는 것이다. 처음에는 잘 안되겠지만 1시간 이상 하는 것이 좋다. 또 하나는 성경을 펴 놓고 방언으로 읽는 훈련이다. 방언을 하면 대부분 가능하다. 이 방법은 성경을 읽기가 지루하지 않기 때문이다. 또 다른 방법은 집중력을 강화시키는 프로그램에 참여하여 도움을 받는 것이 좋을 듯하다.

2. 불안과 두려움을 호소하는 경우의 대처방법

1) 두려움과 불안의 원인을 규명하라

먼저 내담자들은 불안과 두려움을 가지고 있기에 그 두려움이나 불안의 원인을 먼저 파악하는 것이 우선이다. 왜 이런 증상이 발생했는가의 원인을 규명하는 것은 중요한 일이다.

원인을 분석하다 보면 질병의 직접적인 원인과 동반되어 나타나는 경우(갑상선항진증, 기타질환)와 또한 질병으로 인한 것은 해소되었는데도 여전히 불안해하고 두려워하는 경우다. 전자는 일반치료와 병행하면서 상담하여야 한다. 후자의 경우에는 그 불안의 마음이 어디에서 오는지 누구로부터 왔는지 성경을 찾아 읽게 한다.

사무엘상 17:10-11을 보면 공황상태에 빠진 이스라엘 군사들을 볼 수 있다. "그 블레셋 사람이 또 이르되 내가 오늘 이스라엘의 군대를 모욕하였으니 사람을 보내어 나와 더불어 싸우게 하라 한지라 사울과 온 이스라엘이 블레셋 사람의 이 말을 듣고 놀라 크게 두려워하니라"

24절에는 "이스라엘 모든 사람이 그 사람을 보고 심히 두려워하여 그 앞에서 도망하며"라고 표현한다. 공황상태에 빠져 있는 것이다. 이런 상태가 되면 우울증 환자들도 불안해서 피할 곳을 찾는다. 그곳이 병원일 수도 있고, 아니면 교회나 어느 신뢰 가는 상담자일 수도 있다.

성경은 이렇게 두려워하는 마음이 어디에서 왔는지 말씀한다.
디모데후서 1:7 "하나님이 우리에게 주신 것은 두려워하는 마음이 아니요 오직 능력과 사랑과 절제하는 마음이니"
확실한 것은 하나님께서 주신 마음은 아니라는 것입니다.
예레미야 29:11 "여호와의 말씀이니라 너희를 향한 나의 생각을 내가 아나니 평안이요 재앙이 아니니라 너희에게 미래와 희망을 주는 것이니라"

예수께선 요한복음 14:27에 "평안을 너희에게 끼치노니 곧 나의 평안을 너희에게 주노라 내가 너희에게 주는 것은 세상이 주는 것 같지 아니하니라. 너희는 마음에 근심도 말고 두려워하지도 말라"
요한복음 16:33에도 "이것을 너희에게 이름은 너희로 내 안에서 평안을 누리게 하려 함이라 세상에서는 너희가 환난을 당하나 담대하라 내가 세상을 이기었노라 하시니라"
이렇게 두려움의 출처를 찾는 것이 중요하다. 충분한 대화를 통해 인식시켜야 한다.

2) 마음을 강화시켜라

가나안을 정탐한 10명은 간담이 녹았다. 무서워 벌벌 떨고 있는 것이다.

여호수아 14:8 "나와 함께 올라갔던 내 형제들은 백성의 간담을 녹게 하였으나 나는 나의 하나님 여호와를 온전히 좇았으므로"

첫째는 담대하게 세워 주는 것이다.

여호수아 1:9절을 보면 하나님께서 겁먹은 여호수아는 가나안을 정복할 수 없기에 먼저 마음을 강화시키시는 장면이 나온다. "내가 네게 명령한 것이 아니냐 강하고 담대하라 두려워하지 말며 놀라지 말라 네가 어디로 가든지 네 하나님 여호와가 너와 함께 하느니라 하시니라" 두려워 하면 아무것도 할 수 없기 때문이다. 군기 빠진 군인을 정병으로 모집할 수 없다.

사무엘상 17:45-47 "다윗이 블레셋 사람에게 이르되 너는 칼과 창과 단창으로 내게 나아오거니와 나는 만군의 여호와의 이름 곧 네가 모욕하는 이스라엘 군대의 하나님의 이름으로 네게 나아가노라 오늘 여호와께서 너를 내 손에 넘기시리니 내가 너를 쳐서 네 목을 베고 블레셋 군대의 시체를 오늘 공중의 새와 땅의 들짐승에게 주어 온 땅으로 이스라엘에 하나님이 계신 줄 알게 하겠고 또 여호와의 구원하심이 칼과 창에 있지 아니함을 이 무리에게 알게 하리라 전쟁은 여호와께 속한 것인즉 그가 너희를 우리 손에 넘기시리라"

담대함은 어디서 나오는가? 다윗의 고백을 보면 알 수 있다.

하나님을 신뢰하는 데서 나온다. 절대 믿음이다.

디도서 2:14 "그가 우리를 대신하여 자신을 주심은 모든 불법에서 우리를 구속하시고 우리를 깨끗하게 하사 선한 일에 열심하는 친 백성이 되게 하려 하심이니라"

"친 백성": 헬라어로 '랄로스 페리우시오스'는 '페리(둘레에)+우시(있다)'라는 뜻이다. 그러면 점을 찍고 원을 그 둘레에 그려 보자. 원 안에 있기 때문에 쉽게 건들 수 없는 상태가 된다. 우리는 원수 마귀가 함부로 건들 수 없다(욥처럼 하나님의 허용범위 안에서 위협을 줄 뿐이다). 완벽하게 보호 받고 있음을 확신해야 한다.

그러므로 "**너희 염려를 다 주께 맡기라 이는 그가 너희를 돌보심이라**"(벧전5:7)

내담자에게 하나님에 대한 믿음과 담력을 갖게 했으면 다음 단계로 넘어간다.

둘째. 마귀를 대적하도록 도와야 한다. 도적과 싸워야 한다.

겁쟁이가 되면 영원히 노예로 살게 된다. 남은 생애를 비참하게 종노릇하면서 불안하게 살아야 하겠는가?

"도둑이 오는 것은 도둑질하고 죽이고 멸망시키려는 것뿐이요…"(요10:10) 사단의 공격의 목적은 분명하다. 앉아서 당할 수 없다.

야고보서 4장 7절 이렇게 말씀하고 있다. "그런즉 **너희는 하나님께 복종 할지어다 마귀를 대적하라 그리하면 너희를 피하리라**"

"마귀를 대적하라", "맞서 싸우라", "하나님 도와 주세요"가 아니라 마귀와 직접 맞서 싸워야 한다.

예) 학교에서 집단 괴롭힘을 당하는 학생이 있다고 하자. 매일같이 찾아오는 그 친구들을 만날 때마다 두려움에 사로잡혀 학교 가기가 싫을 것이다. 그렇지만 학교에 가야 한다면, 그 학생은 자기가 살아남는 방법을 찾게 된다. 첫째는 굴욕적이지만, 그 깡패들에게 굴복하고 시키는 대로 사는 방법이다.

둘째는 싸우는 방법이다. 죽기 살기로 싸우는 것이다. 피 흘리기까지 싸우는 것이다.

셋째, 도움을 요청하는 것이다. 도와주신다고 말씀하고 있지 않은가! 네 힘으로 불가능하기에 내가 너와 함께 하겠다. 내가 너를 도우리라 말씀하고 있지 않은가! 언제까지 이런 삶을 계속할 것인가! 결단하라! 그리고 다윗처럼 불연히 일어나 너는 창과 검을 가지고 나오지만, 나는 만군의 여호와의 이름으로 나가노라라고 선포해야 한다.

일단, 저항하라! 그러다 보면 담대함이 생긴다. 담대함이 당신에게 생겼다면 그 싸움은 이미 승리한 것이다. 그때부터 치료는 급속도로 빨라진다.

아직도 불안과 두려움에 사로잡혀 있다면 아직 싸움의 준비가 되지 않은 것이다.

나약한 군사는 쓸모 없다. 이스라엘은 군인 중 겁쟁이들은 집으로 돌려보냈다.

필자도 정신 이상이 있는 사람을 만나기가 두려울 때가 있다. 그럴 때는 반드시 기도하면서 하나님의 도움을 구한다. 하나님의 말씀으로 무장한다. 그리고 중보기도를 부탁한다. 그런 후에 담대함을 얻게 되면 영적 전쟁을 하러 간다.

불안과 공포로 다가온 사단은 두려워 할 만큼 공포의 대상이 아니라는 것이다. 그런 존재였다면 주께서 마귀를 대적하고 내어 쫓으라 하지 않고 마귀를 피하라고 했을 것이다. 마귀는 그리스도인들의 권세를 알기에 대항하면 피하게 되어 있다.

사단은 자신보다 강한 존재(예수님)가 함께하고 있음을 알기 때문이다.

내담자들과 상담하다 보면 사단의 존재에 대해 거부감이나 혹시 무슨 일이 일어나지 않을까 두려워하며 겁을 먹는 경우가 있다. 사단에 대한 거부감을 갖고 있다면, 그 부분을 이해시켜야 한다(3. 사단의 정체를 참고하라).

만약에 두려워할 경우에는 하나님을 의지하고 담대히 대항하게 만드는 것이 중요하다. 하나님이 내 우편의 그늘이 되심을, 피할 바위가 되시고 환난 날에 도움이심을 믿게 해야 한다.

창세기 15:1절을 보면 "이 후에 여호와의 말씀이 환상 중에 아브람에게 임하여 이르시되 아브람아 두려워하지 말라 나는 네 방패요 너의 지극히 큰 상급이니라" 말씀하신다.

아브람이 4개국 동맹군과 싸워 이겼지만, 여전히 그돌라오멜의 동맹군을 두려워 하고 있었다. 하나님은 방패가 되어 주신다고 친히 아브람의 보호자 되심을 드러내신다. 우리 하나님은 어떤 동맹군과도 비교할 수 없는 큰 군대를 거느리시는 분이시다. 아브람이 믿음으로 부응하자 이를 의로 여기셨다. 믿음으로 받아들이는 것이 우리가 취할 태도고 하나님을 기쁘시게 하는 것이다.

● 다음은 이에 적용시킬 말씀들이다

시편 54:4 "하나님은 나의 돕는 자시라 주께서 내 생명을 붙드는 자와 함께 하시나이다"

시편 118:7 "여호와께서 내 편이 되사 나를 돕는 자 중에 계시니 그러므로 나를 미워하는 자에게 보응하시는 것을 내가 보리로다"

히브리서 13:6 "그러므로 우리가 담대히 가로되 주는 나를 돕는 자시니 내가 무서워 아니하겠노라 사람이 내게 어찌하리요 하노라"

이사야 43:1-2 "야곱아 너를 창조하신 여호와께서 지금 말씀하시느니라 이스라엘아 너를 지으신 이가 말씀하시느니라 너는 두려워하지 말라 내가 너를 구속하였고 내가 너를 지명하여 불렀나니 너는 내 것이라 네가 물 가운데로 지날 때에 내가 함께 할 것이라 강을 건널 때에 물이 너를 침몰하지 못할 것이며 네가 불 가운데로 지날 때에 타지도 아니할 것이요 불꽃이 너를 사르지도 못하리니"

(※ 참고 시23, 시121편, 요일5:18, 마28:20, 눅12:7, 롬8:31-39)

성경 말씀과 더불어 적절한 찬송을 병행하는 것이 좋을 것이다.
예) '내 주는 강한 성이요' '주는 나를 기르시는 목자요' '마귀들과 싸울지라' '십자가 군병 되어서' 등

3) 마귀를 대적하는 방법

* 예수의 이름으로

누가복음 10:17-19 "칠십 인이 기뻐 돌아와 이르되 주여 주의 이름이면 귀신들도 우리에게 항복하더이다 예수께서 이르시되 사탄이 하늘로부터 번개 같이 떨어지는 것을 내가 보았노라 내가 너희에게 뱀과 전갈을 밟으며 원수의 모든 능력을 제어할 권능을 주었으니 너희를 해칠 자가 결코 없으리라"

제자들이 이렇게 보고하고 있다. 17절 "주의 이름이면" 다른 것 전혀 필요 없었습니다. 주님의 이름만으로 충분했습니다.

성경에서 뱀과 전갈은 주로 사단의 세력을 상징한다(창3:1-15; 고후 11:3; 계9:3,5,10). 사단의 세력이 제자들에 의해 짓밟힌다는 의미이다.

창13:15절에는 여자의 후손이 뱀의 머리를 상하게 할 것이라는 약속이 처음 나온다. 이 약속은 그리스도를 통해 성취되었다. 또한 그의 제자들에게 악한 세력을 물리칠 수 있는 권세가 이미 주어졌다는 사실을 강조하고 있다.

사도행전 16:18절에도 "이같이 여러 날을 하는지라 바울이 심히 괴로와하여 돌이켜 그 귀신에게 이르되 예수 그리스도의 이름으로 내가 네게 명하노니 그에게서 나오라 하니 귀신이 즉시 나오니라" 기록되어 있다.

마가복음 9:38에는 이렇게 말씀하고 있다. "요한이 예수께 여짜오되 선생님 우리를 따르지 않는 어떤 자가 주의 이름으로 귀신을 내어 쫓는 것을 우리가 보고 우리를 따르지 아니하므로 금하였나이다"

마가복음 7:22에 "그 날에 많은 사람이 나더러 이르되 주여 주여 우리가 주의 이름으로 선지자 노릇 하며 주의 이름으로 귀신을 쫓아내며 주의 이름으로 많은 권능을 행치 아니하였나이까"

불법을 행하는 자들도, 주님을 따르지 않는 자들도 예수님의 이름으로 귀신을 쫓아내었다. 그렇다면 우리도 가능한 것 아닌가!

베드로는 앉은뱅이를 일으키자 놀라는 이스라엘 백성들에게 말한다.

사도행전 3:16에 "그 이름을 믿으므로 그 이름이 너희 보고 아는 이 사람을 성하게 하였나니 예수로 말미암아 난 믿음이 너희 모든 사람 앞에서 이같이 완전히 낫게 하였느니라"

예수님의 이름 앞에 모든 피조물들이 복종할 수밖에 없는 이유는 그분은 창조주 하나님이시기 때문이다.

"저가 뉘기에 바람과 바다라도 순종하는고 하였더라"(막4:41)

예수님의 이름의 권세를 아는 자들은 주저 없이 믿고, 어둠의 주관들과 정사들을 향하여 선포하는 것이다.

문제는 믿음이 있는가 없는가의 여부에 달려 있다. 마가복음 16:17에 보면 이렇게 기록되어 있다. "믿는 자들에게는 이런 표적이 따르리니 곧 저희가 내 이름으로 귀신을 쫓아내며 새 방언을 말하며" 모든 기사와 표적의 근거는 믿음이라고 말씀한다.

* 그리스도의 피 뿌림

베드로전서 1:18-19 "너희가 알거니와 너희 조상이 물려준 헛된 행실에서 대속함을 받은 것은 은이나 금 같이 없어질 것으로 된 것이 아니요 오직 흠 없고 점 없는 어린 양 같은 그리스도의 보배로운 피로 된 것이니라"

레위기 17:11 "육체의 생명은 피에 있음이라 내가 이 피를 너희에게 주어 단에 뿌려 너희의 생명을 위하여 속하게 하였나니…" 레위기 17:14 "모든 생물은 그 피가 생명과 일체라…" 피는 생명이다.

아벨의 피는 복수를 말한다. 그러나 예수의 피는 화평과 용서와 화해를 말한다.

예수의 피는 능력과 성령과 생명을 지니고 있음을 기억해야 한다. 사람의 피가 생명을 운반하듯이 예수의 피는 하나님 아들의 생명을 운반한다. 우리가 예수의 피를 말할 때 사단의 세력을 제압하는 우주적 생명력을 가지고 있음을 알아야 한다. 죄와 사망과 악의 모든 영역이 활동하는 곳에 예수의 생명력을 불어 넣기 위해 예수의 피를 의지하여 나아가야 한다. 선포해야 한다(계12:11).

성도들이 보호 받기 위해서 악한 것이 만지지도 못하게 하기 위해서 그리스도 예수의 피 아래서 자신을 지켜야 한다. 예수의 피의 구속은 덮는 것을 의미한다.
이는 예수 그리스도의 피의 보호를 뜻하는 것이다. 유월절의 어린 양의 피가 죽음의 사자로부터 보호하듯이 그 예수의 피로 자신을 덮어 보호 받아야 한다.
그리스도의 피뿌림을 지금 우리에게 적용할 수 있는 성경적 근거는 무엇인가?
베드로전서 1:2보면 "곧 하나님 아버지의 미리 아심을 따라 성령이 거룩하게 하심으로 순종하고 예수 그리스도의 피 뿌림을 얻기 위하여 택하심을 받은 자들에게 편지하노니 은혜와 평강이 너희에게 더욱 많을지어다"
이 말씀을 자세히 보자. 베드로가 편지를 쓰는 시점은 이미 예수께서는 십자가에서 피를 흘리신 후다. 그러므로 이 말씀의 의미는 지금도 예수 그리스도의 피 뿌림을 얻을 필요성이 있음을 의미하는 것이다.

요한일서 1:7절 "그가 빛 가운데 계신 것 같이 우리도 빛 가운데 행하면 우리가 서로 사귐이 있고 그 아들 예수의 피가 우리를 모든 죄에서 깨끗하게 하실 것이요"
"깨끗하게 하다"라는 말의 시제가 현재형이다. 히브리서 10:22절에 "우리가 마음에 뿌림을 받아 양심의 악을 깨닫고 몸을 맑은 물로 씻었으니 참 마음과 온전한 믿음으로 하나님께 나아가자"라고 말씀한다.

(※ 자세한 것은 8) 그리스도의 피의 능력을 참조하라.)

* 하나님의 말씀으로

요한계시록 12:11 "또 여러 형제가 어린 양의 피와 자기의 증거하는 말을 인하여 저를 이기었으니 그들은 죽기까지 자기 생명을 아끼지 아니하였도다"

히브리서 4:12-13 "하나님의 말씀은 살아 있고 활력이 있어 좌우에 날선 어떤 검보다도 예리하여 혼과 영과 및 관절과 골수를 찔러 쪼개기까지 하며 또 마음의 생각과 뜻을 판단하나니 지으신 것이 하나도 그 앞에 나타나지 않음이 없고 우리의 결산을 받으실 이의 눈 앞에 만물이 벌거벗은 것 같이 드러나느니라"

예레미야 23:29 "여호와의 말씀이니라 내 말이 불같지 아니하냐 바위를 쳐서 부스러뜨리는 방망이 같지 아니하냐"

누가복음 1:37 "대저 하나님의 모든 말씀은 능치 못하심이 없느니라"

하나님께서 말씀하신 것은 반드시 하나님이 행하신다는 뜻이다.

시편 119:50 "이 말씀은 나의 곤란 중에 위로라 주의 말씀이 나를 살리셨음이니이다"

이와 같은 성경 말씀의 권위와 능력을 인식시키고 적용하는 것이다. 그리고 시편 23편, 121편, 139편 등을 소리 내면서 읽고, 묵상하면서 읽고, 반복하면서 말씀 안에 거하게 하는 것이 중요하다. 공격을 당할 때 다시 새김질하도록 독려한다.

(※ 하나님의 말씀 편을 참고하라.)

✶ 성령의 도우심을 구하라

예수께서는 제자들과 마지막 밤을 보내시면서 우울과 실의에 빠진 제자들에게 이렇게 말씀하신다. "내가 아버지께 구하여 **너희** 옆에 있어 줄 다른 이를 보내 달라고 하겠다. 그가 **너희**와 항상 같이 있으리라"(요14:16-18)

요한복음 16:7 "그러하나 내가 **너희**에게 실상을 말하노니 내가 떠나가는 것이 **너희**에게 유익이라 내가 떠나가지 아니하면 보혜사가 **너희**에게로 오시지 아니할 것이요 가면 내가 그를 **너희**에게로 보내리니"

로마서 8:26절에는 보혜사 성령의 도움을 말씀한다. "이와 같이 성령도 우리 연약함을 도우시나니 우리가 마땅히 빌 바를 알지 못하나 오직 성령이 말할 수 없는 탄식으로 우리를 위하여 친히 간구하시느니라"

"성령도 우리 연약함을 도우시나니" 성령은 성도를 하나님의 양자로 보증해 주는 것으로 끝내지 않으시고 최종적으로 구원이 완성될 때까지 도와주신다. 성도는 연약한 육신을 입고 있기에 성령께서 성도 가운데 계시면서 성도를 진리 가운데로 인도하시며(요16:13) 양자로서의 보증이 성도 안에서 확실히 성취되도록 도와주신다.

"도우시나니"에 해당하는 헬라어 '쉬난틸람바네타이'는 '쉬난틸람바노마이'의 현재 중간태 직설법으로서 '다른 사람의 손을 붙잡아 준다'는 의미이다.

성령께서는 성도가 연약해 있을 때에 성도의 무거운 짐을 덜어 주고 곁에서 일으켜 세워 주며 붙들어 주신다.

"너는 하나님을 바라라 나는 나를 도우시는 그의 얼굴을 인하여 하나님을 오히려 찬송하리로다"(시42:2)

여기서 하나님의 "얼굴"이란 하나님의 임재를 누리는 증거의 표시를 말한다.

* 내담자가 방언을 받도록 돕고, 방언으로 기도하게 하라

방언으로 기도하면 성령이 우리 속에 들어와서 우리의 잠재의식을 청소하신다.

마음 밑바닥에 숨어 있는 상처와 원한, 슬픔, 괴로움, 두려움 이 모든 것들은 우리가 방언을 할 때, 성령께서 역사하시기 때문에 우리의 마음이 고침 받고 평안을 찾게 된다. 그러므로 우리 마음이 다스릴 수 없이 슬퍼지고 비정상적일 때 방언으로 기도하라. 그럴 때 마귀는 쫓겨나가고 마음에 있는 온갖 쓰레기 더미는 청소되고 우리 마음이 안정을 찾게 된다.

예) 부모님을 석 달 사이에 함께 잃고 우울증에 빠져 있던 여학생에게 기도할 때마다 우는 것을 막기 위해 방언으로 기도하도록 독려했다. 그러나 방언 기도를 하지 못하였다. 필자는 함께 기도하면서 방언 받기를 기도하자, 방언을 하게 되었고 기도만 하면 울던 이 학생은 강하게 부르짖으며 맞서 대적하는 기도하는 것을 보았다(이는 간증에 나와 있는 청년이다).

● **필자와 내담자와 카카오톡 대화**

2013년 5월 10일 오전 11:52, 회원님
[고린도후서 5-17]
"그런즉 누구든지 그리스도 안에 있으면 새로운 피조물이라 이전 것

은 지나갔으니 보라 새 것이 되었도다"
* 오늘 당신의 삶의 방향을 그리스도께 돌린다면 당신의 삶은 절대로 예전과 같지 않을 것입니다.
* 예수께서 주시는 은혜라는 선물을 받게 되면 여러분은 단지 오늘만이 아니라 영원히 변화될 것입니다.
▫ 런던 올림픽 선전(시련 극복 영광의 얼굴) 아버지의 사랑 〈데릭러먼드〉

  http://www.youtube.com/watch?v=XCvZHpAe3dA&feature=youtube_gdata_player

- 2013년 5월 10일 오후 12:27, 회원님 : 영상보시구 어제 어땠는지 연락주세요.

- 2013년 5월 10일 오후 1:22, 회원님 : 그 누구도 도울 수 없습니다. 하나님만 의지하세요. 시편 23편을 하나님 마음으로 깊이 묵상하시오. 그리고 하나님의 음성을 들으세요.

- 2013년 5월 10일 오후 1:31, 회원님 : 염려 주께 맡기지 못한것, 분노, 용서 못하는 것, 하나님에 대한 불신앙, 수치 주님이 다 짊어지셧는데 아직도 자존심 세우는것, 갈2:20 내가 십자가 못 박혔는 아직 내가 살아있기 때문입니다. / 철저히 회개해야합니다. 회개가 먼저입니다.

- 2013년 5월 10일 오후 1:32, 최○○ : 예. 하나님께만 순복하려합니다. 감사합니다.

- 2013년 5월 10일 오후 1:36, 회원님 : 성경공부 많이 하지마시고 기도를 많이하세요. 큰소리로 해야합니다. 읊조리면 사단이 틈 탑니다 기도는 목숨 걸고 해야합니다. / 나약함 오늘부터 벗어버리세요. 이

렇게 하신 후 결과 보고 주세요.

- 2013년 5월 10일 오후 1:36, 최○○ : 네.
- 2013년 5월 10일 오후 2:44, 회원님 : 제가 상담한 사모님이 계신데 그 분은 "사단이 그렇게 사느니 차라리 죽어라"는 환청에 시달려서 유서를 써 두고 자식들에게 이르고 죽기만 기다리던 분이었습니다. 저를 만나고 지금까지 그렇게 산게 억울해서 그 악한 놈을 반드시 꺽고 말겠다고 작심하고 싸웠습니다. 최 선생님 사단의 자살충동 한번 대적합시다. 주님의 영광을 위해서… "마귀를 대적하라 그리하면 피하리라" 하나님께서 내가 도우리라 나의 의로운 오른손으로 붙들리라 말씀하시네요. 여자도 싸우는데 사내대장분데 마음 강하게 먹고 예수이름으로 죽기살기로 대적하세요. 한번 이겨보세요. 그러면 2번째는 쉽습니다. 건투를 빕니다. 할렐루야!

- 2013년 5월 10일 오후 2:51, 최○○ : 네. 주 안에서 감사드립니다. 갈 2-20을 같이 나누고 용서와 모든 불신과 자아를 내리지 못한거에 대해서 보혈 찬양을 드리고 송축하고 전심으로 회개하였읍니다. 주님이 인도하시는 대로 따라가려합니다. 가르쳐 주신대로 잘 상고하고 따라가며 또연락드리겠읍니다.

- 2013년 5월 10일 오후 4:18, 회원님 : 십자가 예수님 바라보면서 방언 기도하라하세요.
- 2013년 5월 10일 오후 4:46, 회원님 : 기도 끝나셨으면 전화 주세요.

- 2013년 5월 11일 오전 10:04, 최○○ : 목사님 전화좀 드려도 괜찮겠습니까?

- 2013년 5월 11일 오전 10:05, 회원님 : 예.

- 2013년 5월 11일 오전 11:26, 회원님 : 지금은 안보도록 참고 인내하는 훈련이 필요 한듯합니다. 나중에 상황을 보면서 탈감각치료을 합시다. 보혈찬송은 찬양의 진정성을 가지고 해야합니다. 최집사님이 은혜받는 찬송 을 틀어놓으세요. 운동 좀하셔야합니다. 산책을 하세요.

- 2013년 5월 11일 오전 11:29, 최○○ : 네. 감사합니다.

- 2013년 5월 11일 오전 11:32, 회원님 : 약1:1-8 묵상하세요.

- 2013년 5월 11일 오후 7:30, 최○○(대구) : 전화좀 드려도되는지요?

- 2013년 5월 11일 오후 7:38, 회원님 : 네. 묻지마시고 전화하세요.

- 2013년 5월 11일 오후 8:00, 회원님 : http://youtu.be/5fnSW1Gezbc

- 2013년 5월 11일 오후 8:01, 회원님 : 같이 보세요.

- 2013년 5월 11일 오후 8:23, 회원님 : 집사님 저와 상담하고 나면 더 강하게 저항하는 것이 나타납니다. 이제까지 공격만 했는데, 싸울 준비를 하기 때문에 저도 겁먹은 것입니다. "기도는 견고한 진 파하는 강력이라" 적이 강하게 공격하면 주님을 보세요. 주여! 도우소서. SOS 치세요. / 바로 도와주십니다.

- 2013년 5월 11일 오후 8:59, 회원님 : 혼자서 사색하게 내버려두지 마시고 성경을쓰게 하세요. 시23편 시121편 시139편 사53장 반복해서 5번씩 숙제입니다. 매일 쓰세요. 그 말씀이 믿어져야합니다. 기도하는 마음으로….

- 2013년 5월 11일 오후 9:03, 회원님 : 추가 여호수아 1장

- 2013년 5월 11일 오후 9:04, 최○○ : 네. 안젤리나 간증은 저희도 함께

보았던것이었는데요, 지금 다시보고 있습니다.

- 2013년 5월 11일 오후 9:19, 회원님 : 우울증은 축귀사역으로 귀신을 쫓아내는 것이 아니고 마음을 강하고 담대하게 만들어서 자신이 싸우도록 만들어 주는 것이 최고의 방법입니다. 축귀사역은 일시적으로 좋아지지만 토양이 바뀌지 않아서 또 재발되기 때문이지요. "할수 있거든 이 무슨 말이냐 믿는자에게는 능치 못할 일이 없느니라" 다시 힘내세요. 격려하세요. 잘하고 있어요. 미7:8 엎어질지라도 나는 다시 일어설것이다. 할렐루야(방긋)
- 2013년 5월 11일 오후 9:21, 최○○ : 예. 힘내어 해보겠읍니다. 고맙습니다.
- 2013년 5월 11일 오후 10:29, 회원님 : 자신이 포기하면 누구도 도와줄 수 없어요. 살겠다고 발버둥 쳐야지요. 주께 부르짖어야지요. 주님 만날 때까지 찾고 또 찾으라(렘33:3). 주님 만나면 해결됩니다.
- 2013년 5월 11일 오후 10:30, 최○○ : 네. 그렇습니다.
- 2013년 5월 11일 오후 10:37, 회원님 : 스스로 일어서도록 지금까지 곁에서 지켜보고 계셔요. 힘내요. 한번 씩~ 웃고(크크) 그래. 이번엔 졌지만 다시 싸운다. 이길 때까지 너 나 잘못 봤어! 강함을 보여줍시다. 화이팅·*·

3. 분노에 사로잡혀 있는 경우

가인에게 하나님은 말씀하신다. 창세기 4:5-7을 보면, "가인과 그의 제물은 받지 아니하신지라 가인이 몹시 분하여 안색이 변하니 여호와께서 가인에게 이르시되 네가 분하여 함은 어찌 됨이며 안색이 변함은 어찌 됨이냐 네가 선을 행하면 어찌 낯을 들지 못하겠느냐 선을 행하지 아니하면 죄가 문에 엎드려 있느니라 죄가 너를 원하나 너는 죄를 다스릴지니라"

"안색이 변하니": 히브리어 '이풀루 파나우'는 '얼굴을 강타하다'라는 말로 극심한 분노나 불만에 의해 안면 근육이 경직된 것을 의미한다(욥 29:24; 렘3:12).

이것은 죄인의 일반적 태도인데 자신의 제물이 열납되지 못한 것을 본 가인은 진심으로 잘못을 뉘우치고 회개했어야 마땅함에도 불구하고 이처럼 하나님 앞에서 방자히 불만을 토로한 것이다.

선을 행치 아니하면 '잘못을 뉘우치고 선을 추구하려는 마음을 갖기는 커녕 오히려 더 완악한 마음을 갖는다면' 이란 뜻이다.

"죄": 히브리어 '하타트' 는 '하타' (빗나가다, 과녁을 맞추지 못하다)에서 파생된 말로 인간이 하나님의 뜻과 법을 벗어나 곁길로 나아가는 것이 곧 죄임을 일깨워 주는 단어이다. 여기서는 죄의 화신(化身)인 '사단' 을 가리키는 말이다.

"엎드리느니라": '잠복하다', '쭈그리다' 라는 뜻으로 먹이를 단숨에 낚아채기 위해 웅크리고 있는 짐승을 연상시켜 준다. 따라서 '죄가 문에 엎드린다' 는 말은 사단이 마음 문, 곧 심령에 침입하여 악으로 그를 굴복시키기 위해 호시탐탐 기회를 노리고 있다는 뜻이다.

베드로는 사단을 먹이 감을 찾아 두루 다니는 배고픈 사자에 비유하고 있다.

아프리카 밀림지대의 사자를 관찰해 보면 그 사실을 깨닫게 된다. 배고픈 사자에게 있어서 한 가지 일념은 오직 먹이 감을 찾는 것이다. 마찬가지로 사단의 목적도 역시 사람의 영혼을 사냥하는 것이다. 하지만 사단은 그런 일을 계획 없이 시도하지 않는다. 그는 두루 다니며 시간, 장소, 환경, 분위기를 살핀다. 그것은 한번 노린 먹이감을 절대 놓치지 않기 위해서다. 소리 없이 다가가는 흔적 없는 발걸음, 잠시도 먹이감에 눈을 떼지 않는 날카로운 눈, 그리고 먹이감을 향해 순식간에 달려들어 덮치고 물어뜯고 찢는다. 그 사단이 오늘 덮치기 위해 숨어서 노리고 있다. 지금도 분에 사로잡혀 있다면 사단이 들어오도록 마음의 문을 열어 놓고 있는 것이다(벧전5:8).

"죄의 소원은 네게 있으나": 히브리어 '엘레카 테슈카토'는 '죄가 너를 향하여 기를 쓰고 달려들려고 하나' 라는 뜻이다. 즉 죄(사단)는 마치 우는 사자와 같아서 삼킬 것만 있으면 그 즉시로 달려든다는 의미이다(벧전5:8).

"너는 죄를 다스릴지니라" 외부로부터 찾아드는 죄의 유혹뿐 아니라, 자신의 내부에서부터 일어나는 죄의 욕망을 물리치고 이겨내라는 뜻이다. 그러나 이는 인간의 의지나 결단과 인내만으론 온전히 성취할 수 없는 것이니 항상 성령의 도우심을 힘입어야 한다(마26:41; 요16:13).

분노에 사로잡힌 것은 성경에 **"해 지기 전에 풀어라"**고 한 말씀을 어겼기 때문이다(엡4:26). F. F. Bruce는 **"해가 지도록"**은 '분'을 처리하기 위한 시간제한이다고 말한다. 즉 시간제한을 통해 한밤중까지 분을 품지 않도록 함으로서 죄에 빠지는 잘못을 막을 수 있음을 시사하는 것이다.

우울증의 원인은 갖고 있는 분을 해가지고 나서도 계속해서 품고 있음으로 사단이 들어오도록 틈을 열어 준 것이다(엡4:27).

사단은 약간만 틈을 열어주면 홍수와 같은 거대한 힘으로 밀고 들어와 나중에 큰 댐을 붕괴시키듯이 사람들을 파멸시키려 달려든다(엡4:26-27).

주님은 마5:43-44을 통해 원수를 사랑하라고 말씀하신다. "또 네 이웃을 사랑하고 네 원수를 미워하라 하였다는 것을 너희가 들었으나 나는 너희에게 이르노니 너희 원수를 사랑하며 너희를 핍박하는 자를 위하여 기도하라" 말씀하신다. 그 이유를 바울은 이렇게 말한다.

로마서 5:10 "곧 우리가 원수 되었을 때에 그 아들의 죽으심으로 말미암아 하나님으로 더불어 화목 되었은즉 화목된 자로서는 더욱 그의 살으심을 인하여 구원을 얻을 것이니라"

주께서는 그 이유를 누가복음 6:35을 통해 말씀하신다. "오직 너희는 원수를 사랑하고 선대하며 아무것도 바라지 말고 빌리라 그리하면 너희 상이 클 것이요 또 지극히 높으신 이의 아들이 되리니 그는 은혜를 모르는 자와 악한 자에게도 인자로우시니라"

또한, 우리가 알아야 할 것은 원수에 대한 분노와 보복은 나의 영역이 아니라, 하나님의 영역이다는 것이다.

로마서 12:19-20 "내 사랑하는 자들아 너희가 친히 원수를 갚지 말고 진노하심에 맡기라 기록되었으되 원수 갚는 것이 내게 있으니 내가 갚으리라고 주께서 말씀하시니라 네 원수가 주리거든 먹이고 목마르거든 마시우라 그리함으로 네가 숯불을 그 머리에 쌓아 놓으리라"

우리가 원수를 갚았을 경우를 생각해 보자. 나는 속이 시원하겠지만, 그에 따른 많은 희생을 감수해야 한다. 하나님이 하시는 것이 더 확실하지 않겠는가? 하나님께 맡겨 보자. 성경은 3, 4대에 걸쳐 묻겠다고 말씀하신다(롬12:19-21; 엡4:30-32; 마18:23-35; 눅6:35; 롬12:14).

(※ 더 필요한 성경 말씀은 『성경을 먹는 법』 분노편을 참고하라.)

4. 공황장애가 있는 경우

공황장애는 갑자가 죽을 것 같은 공포가 몰려오기 때문에 어쩔 줄 모른다. 긴장을 풀고, 숨을 깊게 들이 마시고 내쉬게 한 후, 안정을 찾게 하는 것이 중요하다.

내담자에게 지금까지 이런 증상이 여러 번 왔었지만, 죽지 않았다는 사실을 주지시켜 두려움을 해소시켜 줘야 한다.

공황장애로 인해 심근경색처럼 심장이 멈추거나 죽거나 기절하지 않는다. 그것은 본인의 느낌이고 현상일 뿐이다라고 인식시키는 것이 중요하다.

그런 중압감이 찾아오면 대적하도록 용기를 주어야 한다. 그리고 성령의 임재를 구하는 기도를 하게 하라.

(성령의 임재 실재참조 - 그러면 잠을 자기도 하고, 입신 상태에 들어가기도 한다. 그 때에는 영적인 체험이 있는 도우미가 옆에 있도록 해야 한다.)

그런 후, 어느 정도 안정이 되면 하나님의 말씀으로 믿음을 세워 주고, 용기를 주어 대적케 하는 것이 좋다(방법은 2. 3번 불안과 두려움, 분노의 대처 방법과 동일하다).

만약에 내담자가 병원을 가야겠다고 생각하고 있다면 즉시 병원으로 데려가야 한다. 그리고 병원에서 상담하며 영적 전쟁을 하도록 하면 된다. 병원에 가는 것을 꺼릴 필요가 없다. 앞에서 말했듯이 우울증은 정신과 전문의와 같이 치료하는 것이 효과적이다.

한 가지 주의해야 할 것은 이런 경우에는 죽음에 대한 성경구절을 읽어 줘선 안 된다. 아직 마음 상태가 안정을 찾지 못하고 있기 때문에 죽음이라는 단어 자체만 들어도 겁을 먹을 수 있다. 그러므로 담대하게 대처할 용기를 심어 주는 성경 말씀이 필요하다.
(수1장, 사43:1-2, 마28:20절, 요한1서 5:18절 말씀을 대면케 하라.)

마지막으로 지금 당하는 혹독한 시련은 나를 단련하여 거룩한 주의 군대로 세우시려 함임을 일깨워 줘야 한다.

시편 26:2 "여호와여 나를 살피시고 시험하사 내 뜻과 내 마음을 단련하소서"

시편 66:10 "하나님이여 주께서 우리를 시험하시되 우리를 단련하시기를 은을 단련함같이 하셨으며"

시편 105:19 "곧 여호와의 말씀이 응할 때까지라 그 말씀이 저를 단련하였도다"

욥기 23:10 "나의 가는 길을 오직 그가 아시나니 그가 나를 단련하신 후에는 내가 정금같이 나오리라"

5. 불면증인 경우

　필자가 불면증으로 밤새 뜬 눈으로 지새우던 중에 획기적인 방법을 알게 되었다. 기도하는 것이다.
　불면증환자에게 하고 싶은 말은 잠이 안 오면 있는 곳에서 자리를 펴 놓고 기도하라는 것이다. 기도하다 보면 자신도 모르게 잠을 자고 있을 것이다. 사단은 기도하는 것을 싫어하기 때문에 기도하지 못하도록 방해한다.

　E. M. 바운즈는 『기도의 능력』이라는 책에서 기도에 대해 이렇게 말한다. '마귀는 무엇보다도 그리스도인이 기도하는 것을 방해하려고 한다. 마귀는 기도가 빠진 성경 공부, 기도가 없는 봉사 등 기도가 없는 종교는 하나도 겁내지 않는다. 마귀는 오직 우리가 기도할 때 두려워 한다.'

　우리는 사단의 방법을 역이용하는 것이다(이 방법은 불면증으로부터 벗어나는 대단히 빠른 효과가 있다).

　중요한 것은 우울증 환자들이 울면서 기도하는 경우이다. 이는 회개 기도하는 것이 아니라 자신의 신세한탄이라고 보면 된다. 절대 울면서 기도하지 못하게 해야 한다. 주기도문을 외우게 한다든지, 시편의 말씀을 인용해 기도하도록 훈련시켜야 한다.

6. 임상사례

1) 고3 여학생

공부 잘하는 오빠와 비교되면서 스트레스를 받고 있던 중에 3개월 안에 부모님이 모두 병으로 사망하는 충격적인 일이 발생했다. 우울증으로 병원에서 약을 먹으며 학교를 다니면서, 엄마와 관련된 이야기나 입원했던 병원 근처에 가면 슬픔과 불안해하는 광장공포증과 구토와 호흡곤란, 불면증을 동반하는 증세를 호소하면서, 부모의 구원에 관한 문제와 그로 인한 불안함과 두려움에 대한 공포가 밀려온다고 하였다.

공격이 진행될 때마다(우울증 환자들은 사단의 공격을 받는다. 어디서 오는지 그 원인을 모르고 있을 뿐이다. 갑자기 스치는 생각이나, 스크린의 내용, 몸의 이상한 증세 등이 발생할 때 사로잡히게 된다) 대적하는 방법을 가르쳐 주었다.

차를 잘못 타면 그 병원을 지나치기 때문에 그날은 밤새 울며 잠을 이룰 수 없었다고 한다. 수요일과 철야기도에 기도하면서 우선 방언을 받게 한 후, 대적 기도를 가르쳐 주고, 어느 정도 호전되었을 때, ○○병원으로 직접 차를 타고 가는 '탈 감각치료법'을 시작했다. 처음에는 이겨내지 못했다. 실패한 날은 그 슬픔에 사로잡혀 울면서 잠을 자지 못했다. 그러나 하나님의 말씀과 기도로 무장하고, 재차 시도하도록 하였다. 얼마 후에 이제 아무렇지도 않다고 말하였다. 그런 후부터 얼굴이 밝아졌고, 우울증세가 사라지기 시작했다. 수능시험을 치렀고, 지금은 간호사로 병원에 근무하고 있다(자세한 것은 간증문을 참고하라).

2) ○○○ 사모(43세)

교회에 혼자 있을 때, 문을 열고 도둑이 들어오려는 소리에 놀라 불안해하던 중이었다고 한다. 하루는 홈쇼핑 TV을 시청할 때 사고와 질병 보험에 관한 내용이 나왔다고 한다. 만약에 자기 가족 중에 누군가가 큰 병에 걸리면 어찌하나?

보험하나 들어 둔 것 없는데, 큰 일이 나겠다는 불확실한 미래에 대한 근심과 걱정에 사로잡혀 불안하고 초조한 상태로 여러 날을 지내다 보니, 두통이 찾아왔고 불안하기 시작했다고 호소했다.

필자는 "우리 모두가 다 같은 처지에 놓여있다고 안심을 시켰다. 일어나지도 않았는데, 큰일 난 것처럼 걱정한다고 해결되는 것은 하나도 없지 않은가?

누구든지 그런 생각은 다 한다. 그러나 그 생각에 사로잡혀 살지는 않는다."고 말하자, 본인도 그런 생각을 하고 싶지 않아도 계속 생각나기 때문에 그 생각에서 헤어나올 수가 없다고 하였다.

그 생각을 가져오는 것이 사단의 공격임을 성경을 통해 일러준 후, 대적하는 방법을 가르쳐 주며 기도하자 믿음이 생겼다. 계속 대적기도를 하면서 쉽게 벗어날 수 있었다(한 번의 기도로 끝나는 것이 아니다. 타인의 도움은 일부분이고 자기가 싸워서 이겨내야 한다).

3) ○○교회 사모(55세)

교통사고로 머리를 다쳐 검사 중에 종양을 발견하고 수술할 수 없는 부위라서 초음파 치료 방법을 통해 종양을 치료하여 많이 작아진 상태에서 우울증을 같게 된 경우다.

갑자기 열이 나고 답답하고 머리가 멍멍한 공황장애로 인해서 1주일에 한 번 정도 갑자기 응급실을 찾고 있었다. 삶을 포기한 듯, 유서를 미리 써 두고, 아들과 딸에게 유언을 해 둔 상황으로 언제 죽을지 노심초사하고 있는 상태였다.

필자는 상담해보고 종양으로 인한 문제가 아니라, 우울증세임을 알고 돌보기 시작했다. 먼저 내담자에게 "병원에서 종양으로 인한 증세가 아니다고 확정을 받은 상태가 아닌가? 그러므로 원인이 다른 데 있다."고 확신시켜 주었다.

우리가 알아야 할 것은 우울증세가 계속 오는 것이 아니다. 왔다가 소멸됐다, 다시 발생한다. 그런 증상이 오면 그때부터는 언제 그런 증상이 올지 몰라 불안해하는 것이다. 질병으로 인한 증상이 있으면 그 질병을 먼저 치료해야 한다. 그러나 우울증세를 보이면 반드시 영적 싸움으로 이겨내도록 독려해야 한다.

　필자는 성경을 통해 원인을 찾아가면서 사단의 공격임을 인식시켰고, 내담자가 이 이론을 받아들여 쉽게 치료할 수 있었다. 만약에 받아들이지 않았다면 불가능했을 것이다. 3년 동안을 그 고통 속에서 산 것을 억울해 하면서 열심히 기도했고 대적하며 싸우다가 넘어질 때도 있었다. 그때는 도움을 청했다. 필자는 몇 번 만나지 않았다. 전화나 도움을 청할 때만 갔을 뿐인데, 2개월 정도 지난 후부터 달라졌고 5개월째부터는 모든 약을 끊고 새벽마다 운동하며 노방전도까지 하고 있다.

4) ○○○ 남자(45세)

　지체장애자로 자수성가한 가장이다. 완고하고 타인의 도움을 받지 않고 스스로 해결하려는 완벽주의자이다.

　자녀문제로 인한 물질적 손해와 이로 인한 갈등은 가정을 피폐하게 만들었고, 자녀들의 가출과 이혼 소송 중에 정신과 병원을 찾고 있던 중에 의사가 신앙을 가질 것을 권유했다고 한다. 어려서 신앙생활을 했던 경험이 있었지만 교회는 다니지 않고 있었다.

　가정불화로 인한 격한 분노로 고통을 받으며 자살을 생각하고 있던 중에 필자를 만나는 꿈을 꾸고 죽기 전에 마지막으로 날 찾아왔다고 했다.

　필자는 그런 상황을 몰랐고 예배하고 통성으로 기도하던 중에 방언을 받고 모든 예배에 참석하기 시작했다. 예배시간마다 눈물을 흘리며 은혜를 받았다.

2주 정도 매일 울면서 예배를 드렸다. 왜 우는냐고 묻자 자기도 모르게 눈물이 나온다고 말하는 것이 아닌가? 성령께서 회개의 눈물을 흘리게 한 것이었다.

어떤 목사님은 말하기를 은혜 받은 설교 1편은 1년치 정신과 약을 복용한 것과 같다고 한다. 맞는 말이다. 아니 그 이상이다. 하나님 말씀이 그 영혼에 강타하면 우울증은 한 순간에 끝나기도 한다. 하나님 말씀의 능력이다. 한 달이 못되어 모든 문제가 해결되었고 정상적으로 회복되었다(예배시간에 하나님을 만나야 한다. 신령과 진정으로 예배해야 할 것이다).

5) A 여 집사(42세)

주도적이고, 완벽주의 여성이다.

우울증은 내성적이고 완벽을 추구하는 사람들이 많이 걸린다.

자세한 내막은 알지 못하나, 아파트에서 뛰어 내려라는 환청을 들으며 자살 충동을 느끼는 상태에서 교회를 찾아왔다. 교회에 온다는 소식을 듣고 기도하는 아내는 그 사람이 오면 교회에 큰 문제가 발생한다면서 안 된다고 하였다. 필자는 그런 고통을 받는 사람의 심정을 너무 잘 알기에 무슨 소리냐 죽어가는 사람을 보고 모른 척 할 수 없다고 강하게 주장하자 아내는 20일 금식을 단행하였다.

그때 교회에서는 매일 기도회를 하고 있었고 그 집사는 매일 기도회에 참석하였다. 필자는 먼저 사단의 존재와 특성에 대해 가르치고, 그 후에 예수 그리스도의 피의 능력을 믿게 하였다. 그 후 매일 밤 기도모임을 가졌다. 그때 강력한 성령의 은사체험을 하게 되어 입신과 예언의 은사를 받았다. 그리고 2주 만에 해결되었다. 매일 같이 기도하고 예배하는 시간을 집중해서 얻은 결과다.

만사는 자기 노력여하에 달려 있다. 마음을 강하게 하고 하나님을 찾으면 해결된다.

이때 필자는 안수 기도를 하면서 피부병이 전이되는 경험을 하게 되었다. 여기서 주의해야 할 것이 있다. 안수는 아무에게나 하거나, 받지 말아야 한다. 전이되기 때문이다.

은사도 전이되지만, 나쁜 것들도 전이된다(안수기도 시 주의사항은 '중보기도자의 자세'를 참고하라).

6) 30대 청년

초등학교 5학년 때 독일에서 돌아와 적응하던 시기에 왕따를 당하고, 여러 가지 사건으로 인해 상처를 받아 18년간을 분노에 사로잡혀 있었다. 분노가 일어나면 새벽에 전화를 걸어 아무 말도 하지 않고 끊고 하면서 상대방에게 피해를 입히고, 심할 경우 화분을 던지기도 했다고 한다.

필자가 12년 7월말에 만났을 때 어느 정도로 분노하고 있는가를 알기 위해 "그 사람을 어떻게 했으면 좋겠느냐고 묻자, 죽이고 싶다고 하였다. "그럼 하나님은 어떻게 하시길 원하실까" 하고 묻자, "그렇게 하지 않기를 원하겠지요!" 라고 대답했다.

"그럼 죽이고 싶은 생각은 하나님이 주신 것일까? 사단이 주는 것일까? 묻자 사단이 주는 것이라"고 말하였다. 그래서 사단은 처음부터 살인자요, 거짓말쟁이라고 알려주고, 그 악한 생각이 사단이 뿌려 놓은 씨앗들이므로 대적하여야 한다고 가르쳐 주었다. 그리고 너무 멀리 떨어져서 만날 수가 없어 전화나 문자로 체크하면서 그때그때 필요한 말씀들을 묵상하고 암기하게 하였다.

3개월이 지나고 10월 달에 만났을 때는 잘 적응하면서 약은 가끔 먹는다고 하는 것이었다. 그런데 그 모습을 보니 아직도 공격을 받는 것을 알 수 있었다. 공격을 받을 때마다 대적하는 법도 잘 알고 싸운다고 말하는 것을 보았다.

지금은 많이 호전되어 이전처럼 분노할 때 화분을 집어 던지고 하던 일은 사라졌다고 부모님은 말한다. 18년 동안 겪던 우울증이 하루 아침에 사라지는 것은 아니다. 그러나 얼마나 하나님을 믿고 신뢰하면서 예수 그리스도의 이름으로 사단의 세력들과 대항하는가에 달려있다. 물론 넘어질 수도 있다. 그러나 실망하지 말라! 포기하지만 말라! 도움이 되는 전문가를 찾으라! 그리고 훨훨 털어 버리고 다시 오뚜기처럼 일어나 대적하면 된다. 우울증을 오래 앓았다고 오랜 시간을 요하는 것은 아니다. 내담자의 마음가짐에 따라 단기간에 끝나기도 한다.

필자가 그를 만난지 10개월 가까이 되는 것 같다. 지금은 우울증약을 다 끊었다고 해서 정상적인 생활을 하는 것으로 알았다. 그런데 또 다른 문제가 발생했다. 자꾸 분열되는 것 같다고 연락이 온 것이다.

그래서 만나보니, 셀 모임때 주제와 상관없는 엉뚱한 이야기를 하므로 셀원들이 이상하게 본다는 것이었다(이런 경우를 '상관성결여' 라 한다). 그 이유를 자세히 물어보니, 자기의 관심분야와 상관없는 이야기를 하므로 다른 생각을 하고 있을때 질문을 하기에 자기가 생각하고 있는 것을 말한다는 것이었다.

다른 사람들이 보기에는 심각한 것 같았으나 집중력이 떨어진 것이니 너무 걱정말라고 하면서 성경을 하루에 20장 이상 소리내어 읽도록 숙제를 내 주었다. 그 후로 이런 증상은 사라졌고 지금은 완전히 우울증에서 벗어났다고 한다.

7) B 여집사

남편의 외도로 인해 머리가 아프고 배가 아픈 증상으로 병원을 찾았는데 의사가 신경안정제를 처방해 주었다고 하면서 증상을 호소했다. 갑자기 땅이 꺼지는 느낌을 받아 운전 중에 도로에 멈추었다고 한다.
불안함과 초조함, 배가 아프다고 몸의 이상을 호소하였다.

필자도 하늘에서 떨어지는 느낌과 땅이 움직이는 듯한 어지러움을 경험한 터라 "이런 증상이 온 지 얼마 안 되었기에, 몸에 아무 이상없으니 약을 먹지 않아도 된다. 나도 이미 그런 경험을 했다"고 먼저 안심을 시켰다.
남편의 외도에 대한 분노와 생각이 사로잡아 올 때, 가만히 있을 수 없다고 하소연하였다. 필자는 사람의 힘으로는 못 고친다. 그러나 하나님은 하실 수 있으시다.
하나님 나는 어떻게 할 수 없습니다. 주께 맡기라고 했으니 주님께 맡깁니다. 라고 기도하라고 일러 주었다. 원통하고 분하겠지만, 그 방법으로는 나를 죽이는 결과를 가져오기 때문에 현명하게 대처해야 한다고 일러 주었다.

하나님께 맡기는 연습으로 성경구절을 읽고 암기시키면서 마6:27,

6:34; 빌4:6; 벧전5:7; 시편 23편을 묵상하도록 하였다.

고통이 올 때마다 3~4번 정도 상담하였다. 그 후, 회복되어 직장을 다닌다는 소식을 들었다. 심하지 않을 경우 할 수만 있으면, 직장 생활을 하든지 자신의 일거리를 찾아 그 일에 심취하는 것도 우울증치료에 도움이 된다. 혼자 있는 경우 그 생각에 사로잡히기 쉽기 때문이다.

1년이 지난 후 다시 재발했다는 소식을 듣게 되었다. 재발의 원인은 남편은 여전히 외도를 일삼는 환경이 바뀌지 않는 상황에서 남편에 대한 분노가 다시 점령해 왔기 때문이다. 우울증의 싸움은 상대방의 변화를 기다리는 것이 아니라, 나 자신의 변화를 일으키는 데 있다.

다시 처음부터 시작하면 된다. 남편에 대한 분노를 용서로, 불쌍히 여김으로 바꾸는 훈련과 그 생각의 공격을 예수의 이름과 일련의 방법들로 대적하는 것이다. 싸움을 도중에 포기해서는 안 된다. 공격이 올 때 피하지 말고 대적하라! 그러면 떠난다. 그러나 공격은 쉬지 않고 계속된다는 것을 알아야 한다. 항시 전쟁 중임을 잊어서는 안 된다. 필자가 우울증을 벗어난지 17년이 되었다. 그러나 지금도 피곤하든지 몸이 약해지면 가끔씩 다시 약하게나마 공격을 받기도 한다. 그러나 문제시 되지는 않는다. 일련의 방법으로 쉽게 회복되기 때문이다. 필자가 앞서 말했듯이, 영적 싸움을 즐기는 것이다.

우울증 카페에 들어가면 나름대로의 적응 방법들을 제시한다. 그 중에 하나가 친구로 여기라는 것이다. 또 찾아왔네, 반갑게 맞이하라는 것이다. 그러나 필자는 이렇게 말한다. 또 왔냐! 한 번 싸워 보자! 담대히 대적하는 것이다.

모든 사람들은 다 알게 모르게 여러 형태의 전쟁을 하며 살고 있다.

그러다 보면 언젠가는 전쟁종료가 선포될 것이다. 의외로 빠르게 올 수도 있다. 그 시간을 앞당기고 늦추는 것은 자신의 마음가짐에 달려 있다.

갈라디아서 6:7-9 "스스로 속이지 말라 하나님은 업신여김을 받지 아니하시나니 사람이 무엇으로 심든지 그대로 거두리라 자기의 육체를 위하여 심는 자는 육체로부터 썩어질 것을 거두고 성령을 위하여 심는 자는 성령으로부터 영생을 거두리라 우리가 선을 행하되 낙심하지 말지니 포기하지 아니하면 때가 이르매 거두리라"

그래서 이번에는 집안에만 있지 말고 친구도 만나고 활동하는 것이 좋다고 권면하였다. 지금은 전에 하던 합창단 활동을 하면서 많이 좋아졌다고 한다.

8) C 여집사

자신의 나약함과 부족함을 호소하면서 자책하는 경우다.

여 집사의 경우는 내가 부족해서 남편과 하나님께 잘못하고 있다고 하면서 밤새 울며 어린 자녀들을 돌보지 못하고 있었다. 이런 경우 겸손한 사람처럼 보인다. 그러나 자세히 보면 겸손한 것이 아니라 자기 자신을 자책하고 있는 것이다. 이는 자신을 학대하고 있는 것이다. 사단은 이와 같은 방법으로 공격해 온다는 것을 알아야 한다. 이때는 단호하게 사단아 물러가라! 고 대적해야 한다.

C집사의 문제는 필자를 신뢰하지 못해서 상담을 할 수 없었다.

우울증 환자들과 상담할 때 내담자가 상담자를 믿지 못하거나 들으려 하지 않으면 더 이상의 진행은 불가능하다. 그러므로 상담자는 신뢰를 갖게 하는 것이 우선이다.

역대하 20장20절 **"너희는 너희 하나님 여호와를 신뢰하라 그리하면 견고히 서리라 그 선지자를 신뢰하라 그리하면 형통하리라"**

9) D 여 집사(63세)

집에 가 보니 벽에 약 봉지가 아침 점심 저녁으로 나누어 쭉 걸려 있었다. 15년 동안 우울증 약을 복용하였다고 한다. 3년 전 엄마와 동생을 같은 해에 잃은 충격과 뇌종양 수술로 시력이 잘 보이지 않게 되자, 우울증이 더 심해졌고, 밤마다 방에 있는 문갑에서 45세 정도 되는 여자 귀신이 나와서 옆에 눕는다고 하면서 무서워서 밖으로 나오고 불안해서 소리를 지르며 귀신과 싸우는 생활을 2년 정도 했다고 한다. 밤이 되면 가슴이 뛰고 멍해지고 불안해서 술을 먹지 않으면 잠을 잘 수가 없어 매일 같이 술을 먹어 알콜 중독까지 거린 상태였다.

필자는 상담하면서 '귀신이 어디에서 나오냐' 묻자 문갑에서 나온다고 하였다. '귀신이 문갑에서 나오면 어떻게 하느냐' 묻자, 두 손으로 문갑 쪽으로 밀어 넣으면 다시 나온다고 하였다. 필자가 만나 보니 귀신에 대한 두려움은 어느 정도 사라진 듯이 보였다(환시가 잘 나타나는 경우는 우울증 환자보다는 알콜 중독자들에게 많이 나타나는 현상이다. 우울증 환자들은 환청을 듣는 경우가 많다).

이제부터는 소리 지르고 싸우지 말고, 담대하게 예수의 보혈을 믿음으로 귀신에게 바르고 머리에 덮고 싸우라고 가르치고, 예수님의 보혈의 능력과 이름의 권세를 활용하도록 하였다. 그리고 방에 앉아만 있지 말고 걸으면서 보혈 찬송을 하도록 권면했다. 그리고 다음 날 다시 묻자 아주 효과가 있어 잠을 잘 잤다고 하였다.

몇 일이 지나자 다시 몰래 술을 먹는다고 한다. 물론 지금은 새벽기도도 다니며 옛날보다는 잘 지내고 있다. 그러나 이런 경우 가족들에게 막대한 심적 고통을 안겨준다. 그래서 왜 정신 병원에 입원 시키지 않느냐고 묻자, 정신 병원에 여러 번, 수년이나 있었지만 치료가 되지 않아 다시 퇴원하고 반복한다고 한다. 그렇지만 이런 경우는 격리 수용하고 술을 접할 수 없도록 환경을 만들고 상담하는 방법을 선택해야 한다. 매일매일 체크하면서 술을 끊고 주의 이름으로 대적할 수 있도록 대책을 세워 줘야 한다.

맺음말

건강보험심사평가원은 국내 조울증 환자가 2010년 5만5,000명으로 최근 5년간 30%나 증가했다고 발표했다.

이강렬 국민일보 논설위원은 "빅토르 위고, 샤를 보들레르, 빈센트 반 고흐, 버지니아 울프, 어니스트 헤밍웨이, 애드거 알렌 포, 표트르 차이코프스키, 폴 고갱. 이들에게는 공통점이 두 가지가 있다. 인류사에 큰 족적을 남긴 인물이라는 점과 조울증을 앓아 그 삶이 퍽 고단했다는 것이다."

최근 천재 바이올리니스트 유진박이 조울증을 앓고 있는 소식이 TV를 통해 알려지면서 많은 사람에게 충격을 주었다. 미 명문 스탠퍼드 대학을 졸업한 가수 타블로도 조울증을 앓아 자살 충동 속에 어렵게 대학을 다녔다고 한다. 조울증은 '천재병'이라고도 한다. 한 보고서는 70만 명을 대상으로 조사를 했더니 A학점 학생의 조울증 발병률이 중위권 학생보다 4배나 높았다고 한다. 많은 사람들이 우울증의 고통

가운데서도 희망을 향해 달려가고 있다. 아무리 힘들더라도 앞으로 전진하라!

다음은 전 옥표의 『크리스챤 경쟁력』에 나오는 글이다

한번은 직장에서 상사와의 관계 때문에 몹시 괴로웠던 적이 있다. 서로 다른 지역을 관장하면서 매번 일등을 두고 치열하게 경쟁하던 상사들이 있었는데, 나는 그중 한 상사 밑에서 일하던 중이었다. 기업은 조직이다 보니, 내가 모시던 상사가 그래도 빨리 승진하여 총책임을 맡았으면 하는 바람이 내심 있었다, 그러나 내 바람과는 다르게 경쟁 상대였던 다른 지역의 본부장이 총괄 사장으로 승진하게 되어 그분을 상사로 모시게 되었다.

그러던 어느 날 전략 업무를 담당하던 중 총괄 사장의 집들이가 있었다. 직속 부하가 된 나는 아무 생각없이 동료들과 집들이에 참석했다. 그런데 나를 보더니 그 분이 다짜고짜로 "초대한 적이 없는데 왜 왔나요?" 하면서 핀잔을 주는 게 아닌가. 분위기상 농담조로 받아 넘겼으나 못내 말 속에 가시가 있는 것 같아 마음에 걸렸다. 더욱이 그분은 항상 솔직하게 후배들에게 직언해 주는 스타일이라 평상시 일을 하면서도 좀 부담스러웠다.

그 일이 있은 후 6개월 가량은 너무한다 싶을 정도로 핀잔과 구박과 괜한 트집이 난무했다. 회사를 그만둘까도 몇십 번 생각해 봤다. 하지만 그때마다 신입사원 시절 선배들이 이야기해 준 것들을 생각하며 마음을 다 잡았다. 회사에 나올 때는 간도 쓸개도 다 냉장고에 넣어 두고 와야 해! 또한 성경 말씀을 떠올리면서 내가 더 오래 다닐 회사인데…. 하고 위안을 삼았다.

그러던 어느 날 그분이 "이제 졸업이네"라고 하면서 그동안 고생 많았다고 나를 격려하는 게 아닌가! 사자는 제 새끼를 낭떠러지에 떨어트린 후 살아남는 놈만 기른다고 하시면서 갖은 시련에도 묵묵히 업무에 매진해 높이 평가했다는 말을 덧붙였다. 실로 그동안의 설움을 치유 받는 느낌이었다.

하나님은 우리가 그리스도의 군사로 세움 받기를 원하신다.

이 훈련은 내가 죽고 예수님이 내 안에 사시려는 과정이다. 이 과정을 통해 영혼이 거룩하고 순결해진다. 우리가 거룩해야 주님과 동행할 수 있다. 주님과의 동행은 새로운 삶의 시작이다.

필자가 언젠가 주님께, "설교를 친구 목사에게 맡길까요?" 물었다. 아무 말씀하지 않으셨다. 내 의지를 반영하여 물었기 때문이다. "왜 침묵하시나요?" 되묻자, 나중에 "그 목사가 설교 준비가 안 되어서 시키면 옛날 것으로 할 것이라서 그렇게 했다"는 느낌을 주셨다. 주님은 따뜻한 밥을 지어 먹이시길 원하신다는 것을 알게 되었다.

필자는 일련의 과정을 겪으면서 주님과의 친밀한 관계가 형성되었다.

이 훈련의 과정을 잘 통과하라! 그리고 그리스도의 충성된 군사로 세워지도록 하자.

훈련을 제대로 받지 않고 졸업을 한다면 심각한 문제를 야기시키는 불량배처럼 은사를 활용하여 하나님의 영광을 찬탈하고 돈을 탐하는 삯군이 되기 쉽다.

나는 바울의 가시를 제거해 주지 않으신 주님의 마음을 읽게 되었다. 가시가 나를 더 나 되게 하고, 주님을 더 주님 되게 하기 때문이다.

우울증의 가시가 걷어진 졸업생이 되었지만 나는 그때가 더 그리워지는 것은 왜일까? 다시 고난의 학교에 입학하고 싶은 이유가 여기 있다. 우울증에서 치유 받는 것보다 이 훈련학교를 졸업하고 나니, 주님과 같이 걷기를 유지하기가 더 어렵고 힘들다는 것을 알게 되었기 때문이다.

〈참고문헌〉

D. M. 로이드 죤스 저, 『성령세례』(기독교문서선교회)
존 비비어 저, 『순종』(두란노)
손기철 저, 『알고 싶어요. 성령님』(규장)
이상관 저, 『생명의 성령의법』(예닮)
피터 와그너 저, 『방패기도』(나눔터)
유영만 저, 『용기』(위즈덤하우스)
김동수 저, 『방언 고귀한 하늘언어』
김 진 저, 『정신병인가, 귀신들림인가』(생명의말씀사)
전옥표 저, 『크리스챤 경쟁력』(생명의말씀사)
백금산 저, 『아브라함과 함께 떠나는 신앙여행』(부흥과개혁사)
이인호 저, 『기도의 전성기를 경험하라』(생명의말씀사)
웨인 코데이로, 『세상을 가슴 뛰게 할 교회』(예수전도단)
H. A 맥스웰 화이트 저, 『보혈의 능력』(은성)
심관섭 저, 『상한 마음을 치유 하시는 예수님』(솔로몬)
데이비드 A. 씨맨즈 저. 베스 펀크 저, 『상한 감정의 치유 워크북』(예찬사)
윌리암 거어넬 저, 『그리스도인의 전신갑주』(예찬사)
데이빗 A. 씨맨즈 저, 『상한 감정의 치유』(두란노서원)
심관섭 저, 『하나님의 말씀, 그 성령의 검을 사용하라』(솔로몬)
존 & 폴라 샌드포드 저, 『상한 영의 치유』(순전한나드)
조현삼 저, 『너를 도우리라』(생명의말씀사)
손기철 저, 『내적치유와 하나님의 형상회복』(헤븐리터치)
전 광 저, 『평생 감사』(생명의말씀사)
머린 R 케로더스 저, 『지옥 생활에서 천국 생활로』(보이스사)
오스왈드 샌더스 저, 『영의 지도』(보이스사)
브래드 롱 저, 『영적전쟁과 내적치유』(이레닷컴)
콩 히 저, 『90일 예수로 나를 리노베이션하라』(케루빔)
김 진 저, 『정신병인가 귀신들림인가?』(생명의말씀사)
브로테니커 사전
한국일보
국민일보